100

21 SECRETS OF
MILLION-DOLLAR SELLERS

スティーブン・J・ハーヴィル
Stephen J. Harvill
宮本喜一

100万ドル稼ぐ
トップセールスの仕事術

ACHIEVEMENT

100万ドル稼ぐ

トップセールスの仕事術

スティーブン・J・ハーヴィル
Stephen J. Harvill

訳：宮本喜一

21 SECRETS OF MILLION-DOLLAR SELLERS
:America's Top Earners Reveal the Keys to Sales Success
by Stephen Harvill

Published by arrangement with
the original publisher, Touchstone, a Division of Simon & Schuster, Inc.
through Japan UNI Agency, Inc., Tokyo

Japanese translation rights arranged with
TOUCHSTONE, A DIVISION OF SIMON & SCHUSTER, INC
through Japan UNI Agency, Inc., Tokyo

はじめに

誰かに何かを売るのがあなたの仕事なら、ぜひこの本を。すでに仕事がうまくいっているなら、一読すれば一層仕事がうまくいくはずだ。さらに、すでにすご腕のセールスパーソンだとしても、本書があなたを〝超一流〟に引き上げてくれるかもしれない。

ただし、誤解しないでほしい。この本の提言はわたしの創作ではない。21の秘密は、世界最高のセールスパーソン、つまり毎年間違いなく100万ドル以上の売上を上げている人たちの現実の姿を凝縮したものだ。セールスの業界用語では、こうしたひと握りの傑出したプロのことを、100万ドルプレーヤーと呼ぶ。中には100万ドル超プレーヤーさえ存在している。

100万ドルクラブ

調査のためわたしは、米国を拠点に仕事をしている多種多様な人たちと話をした。老練なベテランに新進気鋭の若者、男性や女性、さまざまな地域の出身者や人種などなど。調査の基本を優秀さに置いているため、最初から調査対象者の代表例を広く集めるようなことはしなかった。年齢、人種そして性別をいかに組み合わせるのかが調査のポイントだと判断し、実際にそれでうまくいった。

セールスパーソンに関するわたしの調査の概略をいくつか紹介しよう。

・働いている企業の規模は千差万別。中には個人事業主もいる。
・毎年少なくとも100万ドルの売上を（人によってはそのチームと一緒に）あげる。
・働いている人の割合が最も多い業界は金融または保険。両者とも大量のセールスパーソンを抱え、製品やサービスも実に幅広い。その次は製薬業界、そして不動産業、自動車、広告そして医療機器と続く。
・男性が約75パーセント、女性が25パーセントを占めている。これはわたしが契約した企業の社員の構成比と同じだ（女性の割合がこれより多いのは、不動産業と製薬業界）。
・約70パーセントが白人（これもわたしが契約した企業の構成と同じ）。残りの30パーセントが黒人、ラテンアメリカ系、東アジア系あるいは東南アジアの人たち。
・多くはミドルエイジかそれより年を重ねており、わたしの想定する成功に至るまでに、それなりの時間がかかっている。
・彼らの年酬は、推定で30万ドルから100万ドル、あるいはそれ以上。

100万ドルプレーヤーのこうした実態をわたしがどうして知っているのか？　それはわたしが実際に彼らに聞いたからだ。

わたしの名はスティーブ・ハーヴィル。30年以上、業務改善に取り組む企業の相談に乗り、彼らの業務をスマートに、美しく、そして想像力豊かにすることを通して成功に導いてきた。わたしのコンサルティング企業、クリエイティブ・ベンシャーズは、テクノロジーや金融、医療をはじめさまざまな分野の企業と契約し、彼らのカンファレンスや経営会議で示唆的なプログラムを提示してきている。世界的に有名な企業とも契約している。仕事の核心は、企業で働く人たちを鼓舞して成果を上げてもらうことだ。そのためにわたしは、彼らのセールストークに説得力を与え、創造的な思考を促すことによって、競争から抜け出す手法を教えている。

企業はまた、われわれを現場に入らせ、セールスパーソンの具体的な仕事ぶりを見たうえで、彼らの成績向上をと依頼してくる。複雑に絡まりあったプロセスを単純にわかりやすくすることで、作業チームの成績が上がるようにと要求してくる。われわれがセールス部隊をはじめさまざまな部門の経営戦略を立案し、実行するための相談に乗っている会社には、世界最大の企業も何社かある。たとえば、マイクロソフト、AT&T、フリトレイ、アメリカン・エクスプレス、そしてサウスウェスト航空などと、長年一緒に仕事をしている。

ここ数年来、わたしはここに書いている秘密を、企業のセールスチームに教えている。それらを力として、セールスパーソンは、新しいクライアントへの売りこみから、馴染みの得意先を上機嫌にすること、毎日の仕事をうまくこなすことまで、あらゆる面で仕事に磨きをかけている。100万ドルプレーヤーの21の秘密は、あらゆる企業の生命線、つまりセールスプロセスの核心を突いているのだ。12を越える最大最高の企業が今では、この21の秘密を日頃のセールストレーニングで活用している。わたしはといえば世界中で、経営の研修プログラムとしてこの秘密を教えている。

クリエイティブ・ベンチャーズの21の秘密プログラムは、わたしが数年前に立ち上げたプロジェクトから生まれている。それは100万ドルプレーヤーがどうして突出した実績をあげられるのかを直接訊いてみようと考えたのがきっかけだった。それ以来、7年以上かけて、7つの業界のセールス・スーパースター175人に個人インタビューを試みた。そこでわかったのは、最高のスターは型にはめられないということだ。彼らのなかには、内向的な人物もいれば、外向的な人物もいた。

攻めまくって成功する人もいれば、肩の力を抜きながら成功する人もいる。速戦即決に長けた人物がいる一方、腰を落ち着けることで難しい取引に成功する者もいる。生来、誰よりもその仕事に向いているように見える人がいるとはいえ、わたしの結論は、生来の性格ですべてが決まるとは限らないということに至った。彼らに共通しているのは、成功をめざして仕事に取り組んでいるということだ。終始一貫した行動こそインタビュー相手の誰もが持っている特徴なのだ。

カリスマ性、粘り強さ、社交性あるいは図太さに生まれつき恵まれていない人も、心配することはない。最高の稼ぎ手は、仕事をこなすのに不可欠なことを毎日実践し、自分の抱えている欠点を必死に補っている。自分は最高になれるはずと思っている人と、実際に最高になっている人とを分けるのは行動だ。そうした最高の人たちの行動は誰でも真似できる。あなたにも。

それはこうして始まった

わたしが100万ドルプレーヤーの行動に強い興味を抱くようになったのは、あるフォーチュン500のリストに名を連ねる製薬会社から、仕事の打診が来たときだった。販売部隊の日常的な仕事ぶりについて調査するので、手伝ってほしいというのだ。果たしてわたしはこの依頼に食指が動いただろうか？

そう、その気になった。

でも、ふたつ返事をしたのは間違いだった。頭よりも先に口が動き、自分の肝心要の経営ルール、つまり、スピードは思慮にしかず、に背いてしまったのだ（この考えに対する100万ドルプレーヤーの解釈については、秘密の13スピードよりもノーミス、を参照のこと）。

わたしは、彼らの実施する調査の手法や目論見などについて、一切何も訊かなかった。この世界的巨大企業からお呼びがかかったことだけで十分満足、仕事の始まる時期さえわかればそれでよかった。愛用のスケッチブックを片手に、妻にいってくるよとキスをし、テキサス州オースティンのわが家をあとにした。目指すは彼らのニューヨーク本社だった。

愛用のスケッチブックについて

ある人はことばで考え、ある人は数字で考える。わたしはイメージで考える。新しいアイデアを生み出そうとするときには、決まってメモ帳やホワイトボードに書きこむ。仕事仲間とあるプログラムをつくり終えたり、あるプロジェクトの相談が終わるころには、何百ものスケッチや線画、矢印、シンボルや図形を所狭しと書いている。わたしはよく、クライアントにもこの種の〝スケッチメモ〟を薦めている。この手法を使えば、対象の相互の関係が視覚化され、理解を深められるのだ。

ニューヨークのマンハッタンにある本社に着いたのは、12月のある寒い日だった。通された会議室からの眺望はすばらしかった。そこでやっとわたしに依頼が来た理由がわかった。競争相手よりも優位に立とうと、彼らはセールス部隊250人の仕事ぶりの調査に着手するところだった。たとえば、セールス部隊がどのように見こみ客に売りこみをかけているか。上得意客をいかにつなぎ止めているか。会社から与えられているリソースをどのように活用しているか。

わたしの新しいクライアントが調査によって手に入れようとしていたのは、うまくいかないテクニックを排除し、うまくいくテクニックだけを伸ばすことによって、市場で有利な立場を獲得できる、そんな情報だった。この製薬会社はすでに調査を企画する外部の契約者を雇っていた。その調査結果はすぐにセールス部隊に伝えられる手筈だった。回答がまとめられたところで、わたしの出番になるという。つまりデータを検討分析し、セールス部隊の将来の成績向上を図る方策を提言するのだ。

会議室でその調査を見せてもらった。

そこで、わたしが愛用のスケッチブックに書いたのはひと言、わぉ。

今はビジネスの世界に身を置いているものの、わたしが大学で勉強したのは科学だった。環境が違っていたら、わたしは海洋生物学者になっていたかもしれない。その科学的素養のおかげで、今でも問題解決には科学者の手法を使っている。つまり、発見のための独創的なプロセスを駆使しながら、事実を観察し、調査し、検討する。また、虚心坦懐に考え尽くす、そんな手法だ。

調査は誰もが一度は目にしたことのあるアンケートの類だった。考え抜いてつくられたことはすぐにわかった。しかし、その設問はすべて選択式だった。その例をふたつ紹介しよう。

上得意客と接触する頻度は?
□毎週
□2か月に一度
□毎月
□四半期に一度
□年に2回
□年に一度

会社の販売イントラネットに接続する頻度は?
□毎日
□週に一度
□月に一度

わたしはまず、会社にこうたずねた。この調査には自由回答の質問もあり、セールスパーソンに主観的な答ができるのか？　つまり、自分の意見を述べ、仕事に役立つ、あるいは役立たない考え方などを答えられるのか。ところが、調査員の数が限られているために無理だと言われた。

いきなり問題発生だ。このアンケートには、販売実態について本質的な洞察を得られるような質問は一切なかった。ほんとうに役立つ洞察を得るつもりなら、会社は、セールスパーソンが自身の特徴的な行動を話せるような、綿密かつ独自の調査を依頼すべきだった。

独自の調査には時間も費用もかかる。だから企業は、客観的なデータ主導の調査の方を採用するものだ。そうすれば大量の数値は得られる。ただし、その中で使える情報はほとんどない（客観的なデータの限界については、秘密17独自の尺度をつくろう、を参照）。

その調査結果からどんな役に立つ結論が引き出せるのか、わたしにはよくわからなかった。しかし、会社はすでに、事前の計画通りに実際の調査を進めていた。わたしはその作業に加わった。

そんなとき、わたしはもう一本電話を受けた。このセールス部隊のアンケートに携わっておよそひと月がたったとき、わたしの最大のクライアント企業である保険会社が、同社の全米セールスミーティングに来ないかという。というのも、わたしは長年にわたって、この巨大企業のコンサルタントを務めていたのだ。

わたしは同社のセールスチームに対して、能力開発、戦略策定、目標設定などを指導したことがあった。この実績のおかげで、わたしは同社の何日間かの大セールスイベントの期間中、自由にさまざまなセッションやプログラムへの参加を許され、何が有効で何がお粗末だったか、そしてイベント全体がセールス部隊にとってほんとうに有益だったかどうかといった評価を求められることになる。

今度飛び乗ったのは、ラスベガス行きの飛行機だった。ベガスの他にどこがある？　ベガスはセールスミーティング最高の場所なのだから。

この保険会社は、ミーティングの開催が上手で、わたしも長年、そのイベントをいくつか企画する仕事にかかわっていたことがある。その年は、会場をただぶらぶらしながら、ワークショップや地域ごとの集会、戦略会議さらには交流会にも顔を出した。そうこうするうち、最高に盛り上がるイベントの時間になった。全米セールス賞授賞ディナーだ。

そう、ご想像の通りで、大きな宴会場、大皿に盛りつけられたサラダやデザート、ディナーロールやバター、きらめくステージには見事なトロフィーが置かれたテーブル。会場のど真ん中には演壇が用意されている。表彰されるのは、さまざまな分野での目標達成、目標突破そして最優秀業績だ。対象者は、クリスタル製や木製のトロフィーを授与されたり、ボーナスに恵まれたりする。全員、記念写真を撮る。

〝最高の瞬間〟がやってくるのはそのあとだ。この夕べのハイライト、年間最優秀セールスパーソン賞の授与だ。これでもかというファンファーレに続いて、名前が発表される。「メアリー！」。会場に響く嵐のような拍手に促されてひとりの女性が立ち上がると、あのアカデミー賞の受賞者よろしくステージに歩を進めていった。メアリーは一番大きなクリスタル製のトロフィーと、そして小切手を受け取った。タイガー・ウッズが表彰で受け取るような巨大な小切手で、そこには何人もの人間が生活できるような金額が書かれていた。

その数字を見て、わたしは椅子から転げ落ちそうになった。

わたしは隣の男性に聞いた。「どうやって稼いだんでしょうかね」。

彼は答えた「最高の売上を記録したんですよ」。

なんだって。そんなことはわかっている。「そういうことじゃないんです」「トップセールスになった原因が知りたいんです」。

わたしのテーブルにいた人は誰ひとり答えられなかった。

プロジェクト

帰りの飛行機の中で、わたしは、互いに異なったクライアント企業2社と仕事をする過程で、観察したものがよく似ているという事実に気がついた。新しいクライアントの製薬会社が実施するセールス部隊のアンケートから、彼らの望む結果が得られるとは信じられなかった。セールスパーソンが何をし、何を考えているのか。その実態に切りこまない限り、セールス部隊が成功するか否かの要因は明らかにならないだろう。同社の調査は、そのままで実施するなら、傾向はわかるにしても、意味のあることは何も教えてくれないだろう。

次に訪れたのが、クライアントの保険会社の全米セールスミーティングだった。会場の誰も、彼らの稼ぎ頭、最優秀セールスパーソンが、なぜ抜群の成績を上げられるのか、わからなかったようだ。

わたしはこの両方のことをなんとしても理解したかった。帰りの飛行機での2時間、どんな企業であるかにかかわらず、その成功にとって非常に重要だと考えられることを探り出すための作戦を描き始めた。

飛行機が着陸するころには、わたしにはあるプロジェクトの概略ができあがっていた。まず、超成功者にインタビューをしたい。それもできるだけ数多くの人に。次に、自由回答形式の質問だけにして、その相手が自分のほんとうの行動を明かす話をしてくれるように仕向ける。

最後に、対象にするのはひとつの業界だけにとどめない。互いに違った文化を持っているさまざまな企業で多種多様な製品やサービスの両方を巧みに売り捌いているセールスのプロを対象にしたい。

売っているものに関係なく、優秀なセールスパーソンは、すべての業界で共通して同じような姿勢や行動をとっているのだろうか。企業のセールスチームと仕事をし、彼らの戦略策定を手伝った経験を通して、わたしはこうした実際の行動をいくつも目の当たりにしてきた。わたしの仮説では、この調査によって、誰もが真似られる特定の行動を明らかにし、特定し、さらにはその評価ができるはずだ。そこでわたしが設計したのは、最高のセールスパーソンが抜群の成果を上げる手法を正確に学べるような調査だった。

最初に、わたしが協力した経験のある企業5社を選んだ。それらは以下のように、5つの好調な業界を代表する企業で、その規模は、わたしが超成功者のサンプルを得るのに十分だった。

・金融サービス
・保険(協力を求めたのは、全米セールスミーティングにわたしが出席した会社だ)
・広告・マーケティング
・医療器具
・製薬

よい調査というのは固定されたものではないので、クリエイティブ・ベンチャーズがこの目的に合った別の業界ふたつと真剣に仕事を始めると、それらもこの調査に加えることになった。不動産と自動車だ。そこにもたくさんの超成功者がいる。とりわけ、他の分野では男性のセールスパーソンが大半を占めているのに対して、不動産の分野では、女性の数が多いのだ。

秘密保持契約をつらぬく

調査を始めるにあたって、わたしは秘密保持契約を結んで企業や所属するセールスパーソンを特定しないと約束した。本書では仮名を使い、細部はわからないように変えた（この調査を書籍化するつもりはなかったので、インタビューを一言一句文字に残していなかった。したがって、会話のいくつかはわたしの記憶から再構成している）。大半の企業では、セールスの手法が独自の財産となっているため、わたしの調査だけにとどめてほしいと要求された。しかし、これらの企業は実在している（間違いなく馴染みがあるはずだ）。その人材についてもまた彼らの行動についても、条件は同じだった。

そこで、企業ごとにそのトップ・セールスパーソンと話ができるかどうか聞いてみた。話をさせてもらう見返りとして、わたしは調査対象の企業のそれぞれに、無料で調査結果を提供するつもりだった。

なかなかいい条件ではないだろうか？

ところが、そうでもなかった。大半の企業はノーだった。

ええ？　なぜなんだ？

驚いたことに、保険会社ただ1社を除いて、すべての企業がそのトップ・プレーヤーのセールス手法と行動は〝秘密〟であると考えていたのだ。彼らに言わせると、これらの秘密は非常に独創的でしかも強力だから、訓練を受けていない素人同然の群れに教えてしまうと、彼らの市場での立場に悪影響が出るらしい。

なんだって？　ほんとうに？　実際には、金銭とモノを交換するという伝統的な売買の概念は、紀元前200年ころにローマ帝国が通貨を生み出して以来、世の中に広まっている。「どんなものでもあくまで秘密、というのがほんとうに本音なのですか？」わたしは相手に尋ねた。「あなたのセールス部隊に何が有効で何がそうでないかを理解してもらうことに、大変な価値があるのではないのですか？　どんなセールスの実践が非常に有効であり、それによって業界の垣根を越えられる、そして売っているものがなんであれ、超一流のプレーヤーがそうした具体的なことを実行しているという事実を把握なさりたくはありませんか？」

「まぁ、そうおっしゃるなら……」と彼らは言った。

そうこうしながら、わたしは全員から承認をもらった。調査を進められることになったのだ。

最初の調査は、何度も全国を飛び回った結果14か月かかった。さらにその後の数か月間は、わたしのクリエイティブ・ベンチャーズのスタッフから情報を提供してもらった。彼らは調査データの山を徹底的に調べ上げ、21の秘密につながる行動パターンを見つけ出す力になってくれた。それに助けられてわたしは調査を拡大し続け、新たなセールスのスーパースターに出会うたびに、彼らのデータを追加することで日常的に調査データの更新を図っている。折に触れて、零細な投資会社からパイを売って味のある成功をおさめた個人の男性まで、新しい業界の人たちも対象に加えている。セールスパーソンに個人的にインタビューするこの調査で、当初のインタビュー相手は男女合わせて175人だった（その中に、例の保険会社の年間最優秀セールスパーソン、メアリーも入っている）。

わたしは、一人ひとりに次のような10の同じ質問をして、彼らの行動について深く切りこんでいる。

質問

1　あなたの自慢の能力はなんですか？　そのうちのどれが成功と直結しているのでしょう。日常的な教育を通して、どれほどの頻度で自分の能力に磨きをかけているのですか？

2　あなたの製品と業界についてどのような知識をお持ちですか？　販売しているものについてどの程度ご存じですか？　また、それがどのように成功に結びついているのでしょう。

3　どのように仕事の一日を管理なさっていますか？　販売目標を達成するために、どのような仕事に力を入れておられますか？

4　サポートしてくれるスタッフをどのように活用なさっていますか？　チームメンバーがあなたの成功にどのような貢献をしてくれていますか？

5　現在のクライアントとはどういった関係を築いておられますか？　その関係をどのように仕事以外の場と結びつけておられますか？

6　どのようにして新しいクライアントを開拓なさっていますか？　クライアントリストのつくり方は？　新しい見こみのあるクライアントを見つけるのは、クライアントの紹介によって、それとも他の方法で？

7　どのようにして計画を立てられるのですか？　将来の販売目標、つまり明日、来週そして来年の目標達成に向けてどんな準備をなさるのでしょう？

8　目標設定の方法は？　自分で設定なさるのか、それとも会社が設定するのでしょうか？

9　あなたにとって重要な数字は？　どんな尺度、ノルマ、統計数字が役に立つ、あるいは役に立たないのでしょうか？

10　成功を妨げる最大の障害は何ですか？　売りこみを不可能にしているものがあるとすれば、それはなんですか？

これらはすべて自由回答形式の質問だ。それでもいくつかの制約がある。インタビューの相手は、わたしが聞き出そうとしている特定のテーマから大きくはみ出さない限り、自由に回答できる。もし脱線したら、わたしはさりげなく話を元に戻すようにした。こうした真剣なインタビューは大いに役立った。これこそが、われわれの追い求めているパターンを探り出す手法なのだ。

「これについて話してください」

セールスの成功につながる共通の行動、習慣そして姿勢を発掘するために、われわれは昔からのプロセス、つまり改良されたソクラテス式問答形式を採用した。質問は常に直截的な表現とし、すべての質問を「これについて話してください」で始める。「これについて話してください」のテクニックを使うと、返ってくるどの答も、ある種の物語になる。それこそわたしが求めていたものだった。人が特定の行動を詳しく明かしてくれるのは、1から10までの段階やイエス・ノーの二者択一の答ではない。彼らの語る物語が教えてくれるのだ。

回答者は、「これについて話してください」の質問に対して、質問が想定している範囲内である限り、どんな風に答えてもよい。大半の一流セールスパーソンは、自分自身についてはとりわけ話好きなので、わたしは〝創造的制約〟と名付けたテクニックを使った。セールスパーソンには、提示した質問からはみ出さない限り、好きなように答えてもらうようにした。しかし、もし話が迷走を始めたら、さえぎってもとの質問に答えるようにしむけた。回答者に適切な答をするよう促すには、大変な集中力が必要だった。

この調査以降、クリエイティブ・ベンチャーズはこの情報収集の手法を活用するエキスパートになった。おかげで、多くのクライアントのプロジェクトにこの手法を応用できた。

セールスの立場の人たちと同時に、わたしは彼らのクライアントの何人かとも話をした。これは調査を始めてからずいぶんあとで思いついたアイデアだった。それはわたしがキャットという名のセールスウーマンと会ったときのことだ。キャットは定期的にクライアントに対して、自分とビジネスをしていてどう思うかと尋ねていたのだ（キャットの秘密は秘密6自分の〝好き〟の土台を構築する、に詳しい）。こうしたセールスパーソンに彼らの最高のクライアントを紹介してほしいと依頼するのは骨が折れた。しかし、20数人のクライアントと話ができた。そうしたクライアントは、彼らできる人たちのセールス手法の何を評価しているのだろうか？　クライアントの答は、21の秘密の最終リストを作成するための貴重な情報をもたらしてくれた。

ところで、数ページ前に、わたしがほんとうに秘密になるセールス戦略などひとつもないという理由を語ったことを思い出してほしい。わたしはまだそう信じている。本書で紹介している行動や戦略の中には、あなたにとって初耳のものもあるだろう。また、よく知っているものもあるかもしれない。しかし、現実には〝秘密〟などひとつもない。そうとは言いながら、〝秘密〟ということばのおかげで書籍は売れる。だから、この本とその中で紹介している知識を〝21の秘密〟と呼んでいる。

インタビューにはどれほどの時間がかかるのか？

インタビューの対象者は忙しい。大半がまさに典型的なAタイプ、つまり何ごとにも積極的で前向きな性格の人たちで、彼らと話をするたびに、たいていは、心ここにあらず、どう見ても販売の仕事にかかりたい、という風で落ち着かない様子を見せる。彼らは皆知りたがっている、「このインタビューはいつまで続くんだ？」。わたしはあくまで率直にこう答えることにしている。「なんとも答えられないけれども、できるだけ早く終わるように努力するつもりだ」。

調査の初期段階で、わたしはゴードンという名の金融サービスに携わっている男性にインタビューを試みた（その上司はゴードンに、わたしのインタビューを受けるよう指示してくれた。そうでなければ、彼には他にいくところがあったと思う）。わたしは事前に、「あの男は殊勝な態度であなたに情報を話すことはない。自分の電話に目をやらないでは5分ともたない」と警告されていた。

その警告に心しながら、わたしはインタビューを始める前ゴードンにこう尋ねた。「どれくらいの頻度で電話のチェックが必要ですか？」何度かやりとりをして、時間枠を決めた。タイマーをセットして、ゴードンが15分ごとに電話のチェックができるようにしたのだ。その結果、それはわたしにとって最も啓発的なインタビューのひとつになった。本書でそのゴードンの智恵を紹介する。

それから何か月か後、最後のインタビューを終えシカゴからの帰りの飛行機に乗っているとき、わたしはインタビューで聞いた話の一つひとつをどのようにまとめあげればよいか思案を始めてしまっていた。大量の答の録音と、そして一杯に書きこんだノートの山に埋もれていたのだ。

その解決の手法は、とにかく直球勝負。フリップチャートやホワイトボード、オフィスの窓ガラス（書きこむのに最高）や防湿紙の大きなロールを使って、わたしは仲間と一緒にインタビューのすべてに当たって、共通しているテーマを掘り起こす作業を始めることにした。あっという間に、ダラスにあるクリエイティブ・ベンチャーズのオフィスの壁や床、窓ガラスは、書きこみで埋めつくされてしまう。そこからさまざまなパターンが浮かび上がってきた。

別のインタビューで聞いた答との類似性が見られる答を探し出す作業を始めたとき、われわれは、それらの答を移動させ会議室の同じスペースに置いた。インタビューの対象者がそれぞれに違った類推や比喩を表現しても、彼らは基本的に同じことを話している場合が多いのだ。

わたしはクレヨンのアナロジーを使うのが好きだ。つまり、クレヨンの詰まった大きな箱を開けると、そこには、近い色同士のクレヨンがまとまって並べられている。薄紫がかった青、水色そして濃紺が隣り合っている。それぞれに違っているものの、どれも〝ブルー〟だ。これに倣って収集したアイデアをグループ分けする作業を始めてみると、われわれにあらゆる分野で共通のテーマが見えてきた。そして調査に光が差してきた。

つまり大量のデータの山から探り出せるお馴染みのパターン認識のアルゴリズムに照らし合わせることで情報を分類する手法は、もしかすると、原始的な方法なのかもしれない。それでも、高度なコンピューターとビッグデータから得られる情報の質は、手に入れた情報をその程度あなたが処理できるかによっている。創造的な考察がなければ、それらの数字はただの数字でしかないのだ。

われわれの分析によって、21の特徴的な行動が浮かび上がってきた。つまりそれは、セールスのスターを抜群の立場へと導いた21の要因だ。インタビューの対象者一人ひとりの表現が違ってはいても、彼らの行動はすべて、誰もが繰り返している日頃のルーティンと同じだった。21の秘密を見てわたしが驚いたのは、そのどれもが誰でもできる、ということだった。

そうした秘密には何ひとつ特殊なことや魔法のようなことはない。しかし、それらを何度も繰り返し意識して活用するとき、彼らは大きな仕事をなし遂げるのだ。

わたしは当初、この調査を書籍にするつもりはなかった。調査の企画に乗り出したのは、クリエイティブ・ベンチャーズの仕事の一環として、戦略的な足固めの設計をするためだった。わたしが抱えているクライアントにセールスの行動を提示し伝授する、そして彼らがセールスの現場にそうした行動を応用するためのコンサルタントとなるためだった。

これが現実になった。実際に、今ここで紹介しているさまざまなアイデアが、30年に及ぶわたしのコンサルタント歴の中で最も有名で収益性の高いプログラムに育っている。何年間にもわたって、クライアントやセールスパーソンは、わたしにこう尋ねたものだ「この戦略の友となる本はありますか?」。

もしわたしが事前に本を書こうと計画していたのなら、実際に取り組んできたのとは違った姿勢で、この調査に臨んだことだろう。

話を始める前に、強調しておきたいポイントがひとつある。それは、〝規律〟が21の秘密のどれにもかかわる基本的なテーマであるということだ。米国第30代大統領カルビン・クーリッジのことばを借りればこうなる。「何ものも、たとえばカリスマ性も、才能もそして持って生まれた知性も、粘り強さと不動の覚悟にとって代わるのは不可能だ」。この調査にかかわった人たちの誰もが、すばらしい集中力と自己管理能力を見せてくれた。これら最高のスターは、時間を無駄にしない。ぐずぐずしない、言い訳もしない。

〝規律〟が彼らの個々の行動のどれをも貫いているために、単一の要素として区別するのは無理な相談だ。

だから、このことを頭に置きながら21の秘密を読んでほしい。そうでないと、秘密は役に立たない。

もうひとつ付け足したいことがある。100万ドルクラブに属しているセールスパーソンの大多数は、非常に価値のある、高価格の、そして企業対企業（企業対消費者ではなく）の取引に登場する製品やサービスの世界で仕事をしている。だから、トースターやチェーンソーのセールスパーソンは、この調査の対象ではない。

チェーンソーの利益率は低く、しかも製品の寿命は長いのだから、それを考えれば納得がいくはずだ。もしもあなたが地元のチェーンソーのセールスパーソンだとしたら、チェーンソーの100万ドルプレーヤーになろうとすれば、相手に有無を言わさず手当たり次第にチェーンソーを売らなくてはならなくなる。そんなことはとても無理だ。

ところが、もし、あなたが出世して企業相手にチェーンソーの販売をする立場になって、ロウズ（米国の住宅資材・家電チェーン店）やホーム・デポ（米国の住宅資材・サービスのチェーン店）にトラック何台という単位で納品する仕事をすれば、100万ドルセールスの世界でその居場所を確保できるかもしれない。

あなたがこのセールス・ゲームの新参者なら、あるいはもっと低価格や少量の製品やサービスの仕事をしているなら、本書で紹介している秘密から学ぶものもなければ、恩恵も得られない、と言っているのではない。たとえ21の秘密のすべてを現在の仕事に活かせるわけではないにしても、活用することによって、自分の能力で獲得できる地位にまで出世させてくれる秘密はいくつもある。忘れてならないのは、本書で紹介している100万ドルプレーヤーの誰もが、例外なく、自分の仕事を100万ドルプレーヤーでない立場から始めたということだ。

たとえ仕事をしているところが〝セールス現場〟でないとしても、21の秘密をあなたのキャリアやビジネスに採り入れられるはずだ。何と言おうと、ほとんどどんな仕事の分野でもセールスの要素は存在している。あなたが仕事を探している一匹狼的存在であっても、クライアントとの関係をさらに発展させようとしている小企業のオーナーであっても、あるいは昇進を狙って自分を売りこんでいるオフィスの住人であっても、関係ない。

準備はいいかな？　それでは本題に入ろう。

目次

はじめに……3

第1部
4つの最重要秘密……33

その1 シンプルにする……34
その2 ジョーダンの方程式……50
その3 いい話を語ろう……65
その4 まず、友だちをつくろう……80

第2部

顧客とのつながりの秘密

100万ドルプレイヤーの流儀で顧客とつきあおう

顧客とのつながりの秘密 100万ドルプレイヤーの流儀で顧客とつきあおう……95

その5 〝もう一段上〟を心がける……96

その6 自分の〝好き〟の基盤を構築する……110

その7 見ればわかるようにする……126

その8 話すのをやめて、聞く……139

その9 スマートに売ろう……154

その10 オフィスの外に出よう……165

その11 秘書に好かれよう……178

その12　お得意様を囲いこもう……191
その13　スピードよりもノーミス……204

第3部

仕事への取組み方の秘密

セールスのすご腕にならって、十分に力を発揮し、整然と仕事をこなし、しっかりとスケジュールを立てよう……217
その14　影の側面に目を向けよう……218
その15　10回ルール……229
その16　一日を支配しよう……243

その17 独自の尺度をつくろう 256
その18 得意なことを疎かにするな 272
その19 自分のドラムを叩こう 287
その20 本物のふりはできない 302
その21 自分の製品になろう 315
結論 330
謝辞 336
著者について 339

第1部

4つの最重要秘密

最重要秘密

その1

シンプルにする

メーン州のポートランドは寒いところだ。ほんとうに寒い、ウソじゃない。わたしはジョアンと話をするために、そのポートランドを訪れた。ジョアンはオフィスの外が北極並みの環境でも平気のようだった。おまけに、冬用の衣服を買いこもうとわたしをL．L．ビーンの旗艦店に連れて行ってくれた。じつは、飛行機からわたしの荷物が出てこなかったのだ。

ジョアンは企業向け保険の販売を手がけている。得意なのは業界用語で言うCAT補償だ。CATは〝災害〟という意味だ。だから、もしあなたがメキシコ湾岸地方のホテルのオーナーで、ハリケーン保険をかけるのが賢明かもと思えたら、そのときはジョアンに連絡すればよい。いやそれよりも、ジョアンのほうが先刻ご承知で、〝あなたに〟連絡をしてきてくれるかもしれない。

ふたりで、優秀なセールスのプロがクライアントにできるサービス方法をあれこれ語り合っていた。それをセールス独特の言い回しでは〝価値を付け加える〟という。ジョアンは、自分のクライアントを完全につなぎ止めておくためのカギとなる方法がひとつある、と明かしてくれた。

返ってきた答は「わたしはなにごともシンプルにしている」だった。

調査の過程でわたしが話を聞いた100万ドルプレーヤーからは、インタビューしている間に、数多くの行動を教えられた。

同じように、彼らのクライアントからも教えられた。しかし、セールスパーソンとそのクライアントの両方のグループが共通して口にしたのは、4つの具体的で非常に特殊な行動だった。わたしはそれらを4つの最重要秘密と呼ぶことにする。もしあなたがセールス活動の場で、わずかに変化することに甘んじているなら、これら4つの秘密から始めることを薦めたい。その中でも、いの一番に来るのは、〝シンプル〟だ。

シンプルは、セールスの聖杯だ。

わたしがインタビューしたすべてのセールスパーソンに共通しているのは、クライアントの立場に立ってものごとをシンプルにしようと献身的に取り組む姿勢だ。最重要の秘密その1は、クライアントとのビジネスを困難にするようなどんな障害をも排除することにある。それはあなたがクライアントとやりとりをするたびに、たとえそのために自分自身の仕事が複雑になったとしても、相手に心地よさを感じさせることだ。

ジョアンに「シンプルにする」の意味をたずねたところ、わたしは受け取ったその答にとまどった。

「防壁をつくるんです」

「防壁をつくる？　防壁を取り除く、ではないんですか？」わたしはジョアンが言い間違えたのかと思った。

「いいえ」とジョアンはきっぱりと言った。

その意味は、こういうことだった。ＣＡＴ保険を契約しようとするクライアントは、山のような事務処理に忙殺される。データ、規則、要件、統計数字そして危機管理戦略といったものに埋もれてしまう。保険証書それ自体にも、膨大なページ数がある。「クライアントがそうしたもの全部に目を通すなど、バカげていますよ」とジョアン。「クライアントが、過剰な情報を前にして落ちこまないようにしています」。

ジョアンは、事務処理と情報をうまく仕分けし、それらを管理することによって、クライアントの日常そのものをシンプルにしている。つまり、クライアントが理解しなければならない重要なデータや規制を俎上に上げながら、それ以外のものは切り捨ててしまっているのだ。

クライアントが保険証書に署名すると、ジョアンは自分自身を、クライアントと情報の洪水との間に入る人間の盾にする。たとえば、何百ページにも及ぶ保険証書に添えて、その要点を凝縮した1ページの文書を同封して送ることにしている。それはジョアン本人が書いている。このおかげで、クライアントは、その気がないのなら、証書の全文を読まなくても構わないのだ。

さらに、クライアントにとってどうでもよいような電子メールや郵便物の仕分けまでしている。たとえば、保険会社のご立派なカタログ、マーケティング情報、そしてその他さまざまな案内などだ。これらは世の常として新しいクライアントのもとに届けられ始め、それらが彼らの受信箱や郵便受けをあふれさせてその生活を乱してしまう。ジョアンはクライアントの承諾を得て、届けられるものをすべてクライアント宛てではなく、自分宛てに変更する。そのうえで、それらをフィルターよろしく選別し、その中から必要なものだけをクライアントそれぞれに送るようにしている。

ジョアンはクライアントに対して、必要なCATの補償手続きをするだけでなく、彼らの時間とエネルギーを節約することにも貢献している。〝絶えず押し寄せてくる資料や情報の流れ〟の速度を遅くすることで、クライアントの財産を守るのと同じように、クライアントの時間を守っている、とジョアンは言う。

シンプルは簡単ではない

〝シンプル〟を〝簡単〟の同義語として使われているのをよく耳にする。実際のところ、〝簡単〟には苦労という意味は含まれていない。〝シンプル〟の意味は複雑さを解消することであって、これはいつでも簡単にできる作業というわけではない。映画「ジュリー&ジュリア」を見た人なら、〝シンプル〟と〝簡単〟の違いを次の2つの単語でまとめられるはずだ。ブフ ブルギニョン(ブルゴーニュ風牛肉煮こみ)。

セールスの世界でのゴールは、あらゆることを自分のクライアントにとって〝シンプル〟にすることだ。あなたにとって、これは簡単な課題なのかもしれないし、そうでないかもしれない。

高級車のセールスパーソンであるサニーにとって、〝シンプル〟とは、〝わかりやすい〟という意味になる。サニーに言わせればこうだ。製品やサービス、そしてそれらがもたらす特別な価値をクライアントにほんとうに理解してもらえれば、あなたに信頼を寄せるようになる。気持ちがつながる。得られる便益を理解する。何よりも、〝買う〟。

ジョアンの場合とは違い、サニーはインタビューの間ずっとフロリダの太陽を浴びていた。サニーはそのチームと一緒に、ジャガーやランドローバーといったとても豪華な自動車を売っていた。しかも、毎日乗る実用車でもないのに、売りまくっていた。ジャガーの新車価格は最低でも5万5000ドルはする。ランドローバーに至っては、驚くなかれ値札には6桁の数字が並んでいる。サニーは言う「乗用車のビジネスをしているのではありません。贅沢品のビジネスです」。だからその仕事は、〝贅沢〟の意味を伝えること、なのだ。本人はそう理解している。

腕時計を見て学習しよう

腕時計の購買行動が簡単でわかりやすいだろう。つまり、腕時計に要求される機能はただひとつ、時間の表示だ。それでも、実際の腕時計を買う段になると、機能を並べたてた頭が痛くなるほど長大なリストと格闘になる。文字盤の大きさから始まってベゼルのタイプ、防水性能、内部のムーブメントはたまたタキメーターのようなおまけ機能まで理解しなければならない（もっとも、携帯電話を時計代わり使う人が増加しているおかげで、腕時計業界は退潮傾向にある。それでも彼らは複雑さを加えることで逆襲を図っている）。

時計を売る仕事をしているなら、あなたはどのようにして、そのリストをクライアントの目を白黒させることなく理解させるというのだろう？　ワールド・オブ・ウォッチズという小売店は、標準的な機能のリストとともに、たくさんの時計を紹介する90秒のビデオをそのウェブサイトにあげている。このビデオでは、腕時計が鳴らすベルなどの音をまとめて紹介し、腕につけたときの映像を見せるほか、価格に見合った価値があるかどうかのアドバイスまでしている。

当然、同社に言わせれば、購買者10人のうち8人はわざわざ機能のリストを読むようなことはしないらしい。それでも、買う気のある人はこのビデオを参考にして購買を決めている。腕時計はますます複雑になってきている。しかしこの店は、腕時計の購買行動をシンプルにしているのだ。

この道22年のベテランであるサニーは、シンプルについて悟りを開いた話をしてくれた。仕事に携わったその早い段階で、「ことばがセールスの現場では重要な役割を演じているのだということに、初めて気がついた」と言う。クルマの性能や効用についての説明が複雑になればなるほど、売買契約をまとめるのが難しくなっている現実がわかったのだ。

そこでサニーは、チームとともに、来店客への話法を変えることにした。「あらゆることをシンプルにした」という。クルマの販売店でお馴染みの、気取っただけのもっともらしい専門的なことばを並べ立てる接客を、意識してやめた。「〝人間工学に基づいたインテリア〟とは言いません」。その代わり「〝ジャガーは快適に乗れるように室内を設計していま す〟と言うんですよ」。クルマには〝流れるようなルーフライン〟がデザインされているのではなく、なめらかにボディーとつながって見えるルーフがデザインされている。つまり、たちまち〝これこそジャガー〟とわかるデザインの要素が盛り込まれているのだ。

そしてこう続けた「ジャガーやランドローバーの購入を真剣に考えている人は、自分なりの考えを持とうとしています。口にすることばをシンプルにする、そしてお客さんが自分の考えをまとめられるほど噛み砕いた表現にする、それができればわたしの話を信用してもらえるんです。だから、わたしはお客さんが理解することばで話すようにしています」。

何かパターンが見えてきただろうか？　ジョアンとサニーはクライアントにとってわかりやすい〝シンプル〟を考え出した。〝シンプル〟を販売戦略として捉え、積極的にシンプルにする方法を探している。ジョアンは、クライアントを悩ますたくさんのどうでもよい情報を切り捨てることによって、〝シンプル〟を実践している。サニーは、〝シンプル〟を駆使して、売りこもうとしているクルマの特長を説明する。そこで使うのは、クライアントが親しみを持てることばだ（ちなみに、サニーはすでに引退している。大枚をはたいてボートを手に入れ、湾岸内水路*に楽しみの拠点を保有している）。

*米国の南岸に設置された娯楽・商業用の連続水路

〝シンプル〟はさまざまで、業界ごとにそしてまた、セールスのプロごとに変わるものだ。あなたの課題は、自分のセールスのプロセスで、具体的に何をシンプルにできるか、そしてそれがものになるかどうかを考え抜くことだ。

リモコンの可能性

ロードアイランド・スクール・オブ・デザインの元学長、ジョン・マエダは、〝シンプル〟

の要素のひとつに〝考え抜かれた切り捨て〟があると書いている。本質からはずれた不要なものを切り捨てるこのプロセスは「シンプルさへの最もシンプルな方法だ」とマエダは言う。

これを言い換えれば、「迷ったときには、はずせ」ということだ。

ただし、注意は必要。何かをはずすのを目的としてはずすと間違える。キーワードは〝考え抜かれた〟という形容詞だ。

このアイデアへの理解に役立つ演習をひとつ紹介してみよう。

あなたの家にあるテレビのリモコン（たくさんあるに違いない）の中からひとつ、手にとってみよう。それを持ったまま、ペンを握り1枚の紙を取り出そう。

改めてリモコンをながめてみると……何に気がつく？　おそらくこうだろう「待てよ、ボタンだらけだ」。実際に、テレビのリモコンについているボタンの数は平均で47。ところで、平均的なテレビ視聴者が使うボタンの数は一体いくつなのか？　数字キーを除くと7だ。

さて、握ったペンと紙が役に立つときがきた。何分間かをかけて、ボタンを整理し切り捨てたりしながらリモコンのボタンを手早くデザインしなおすことで、リモコンを〝シンプル〟にしてみよう。どのボタンを削減しようか？　ボタンを兼用にしたり、大きなボタンに置き換えたりする手があるのだろうか？

できた？　OK。あなたはまず、数字ボタンをなくしたはずだ。たぶん、アイフォーンスタイルの丸い〝ホーム〟ボタンに置き換えたのかもしれない（それとも完全な音声認識か）。

数字キーをはずし、チャンネルはスクロールさせることによって、リモコンを〝シンプル〟にできるとあなたは考えているに違いない。

しかし、それが、考え抜かれた切り捨てだろうか？　テレビで見たい番組を探しているときは、チャンネルを軒並みスクロールしているのでは？　しかし、自分の好きなチャンネルに直接行きたいというときには――ちなみに、わたしはテニスチャンネルの１６６０だ――わざわざチャンネルのスクロールなどしない。直接、１、６、６、０とボタンを押す。これがリモコンを使う人にほぼ共通した行動ではないか。つまり、実際に使うのは数字ボタンなのだ。

ちなみにこの演習をわたしはコンサルタントの仕事をするとき、いつも使っている。わたしの経験では、さっさと切り捨てようとするのは、数字ボタンである場合が多い。わたしが強調したいのは、〝考え抜かれた〟切り捨てだ。自分のセールスプロセスをシンプルにしようとするときには、そのユーザーのことを考えよう。ユーザーとはあなたのクライアントのことなのだから。

〝シンプル〟を理解したところで、それを〝あなたの〟セールスプロセスに応用してみよう。以下のように始めるのがよい。

1 マスターリストをつくる

セールスの世界では、〝シンプル〟にする作業は、自分のセールスプロセスの要素をすべて書き出し、クライアントの立場に立って、そのプロセス全体から複雑さをなくしていくという当面の目標を設定することから始まる(それが必ずしも、あなたにとっての複雑さを軽減することにはならないので、念のため)。

だから、自分のチームと一緒にでもあるいはひとりででもよい、スタッフとのミーティングからクライアントとのランチに至るまで、販売にかかわることすべてを書き出すことが必要だ。

そこで次にマスターリストが実際に活用されている例を紹介する。

ある小さな金融サービス会社が新たなクライアントをもっと増やそうとしていた。確かに彼らは得意先を相手に立派な仕事をしていた。それでも、会社の得意先を増やすという話になると、苦しんでいた。その理由も思いつかなかった。

このセールスチームはまず、クライアント獲得のためにしていることをすべてリストアップすることから始めた。リストは次のようになった。

a. われわれには、得意先からもたらされる紹介先の強力なネットワークがある。
b. われわれのサービスに興味を示している人たち向けのイベントを開催している。
c. 見こみ客の住まいやオフィスを訪ねて、直接会って話をする。そうすれば、わざわざわれわれのところまで来てもらう必要がなくなるからだ。
など。

2　視点を変える

自分のセールスプロセスを構成する全要素のリストができあがったところで、その視点を変える作業にとりかかる。リストは自分なりの視点からつくったはずだ。そこで、そのリストをクライアントの視点からながめてみよう。まず、クライアントと直接関係のない仕事をすべて無視する。

たとえば、月次の販売レポートを社内で要求されているとしよう。それはあなたのセールスプロセスの一環ではあっても、クライアントの目には一切触れることのないものだ。だから、今なんとかしようと悩む必要もない。

クライアント――今のクライアント、見こみのあるクライアントどちらでも――にかかわる作業だけに絞ってしまえば、あとはクライアントごとの個別の作業に目を向けるだけだ。難しいかもしれないけれど、クライアントの立場で考えてみよう。次のように自問する。これらの作業の中で、クライアントは、どれが自分と仕事をしていくうえでの障害になっていると思っているのだろうか？

クライアントの目を通してセールスプロセスをながめているうちに、まず間違いなく、〝シンプル〟にする眩しいばかりのチャンスが見つかるだろう。

保険のセールスウーマンであるジョアンの場合、そのチャンスのひとつは、あらゆる事務作業やジャンクメールに切りこむことだった。サニーにとって、それは、「贅沢の意味を理解してもらうため、話すことばを難しくしないこと」だった。あなた自身のプロセスには、クライアントの利益に結びつける目的で〝シンプル〟にできる作業がいくつかあることは間違いない。そうした作業を変え、整理し、あるいは完全になくしてしまうことができるはずだ。

3 〝シンプル〟にする

クライアントにかかわる作業だけに絞りこんだリストをつくりあげ、そして作業を整理削減してクライアントのための価値を生み出す方法を考えた。ものごとを〝苦労が少なくてすむ〟ように簡単にし、ひとつの作業を選んでそれに集中しよう。しかし、どれを選ぶ？　こんなアドバイスはどうか。すばやくかかれる、しかも比較的苦労しなくてもなんとかなる作業、そんな作業を選び出せばよいだろう（このアイデアについては、秘密その5〝もう一段上〟を心がける、を参照）。

ちなみに、小さな金融サービス会社の場合、彼らは次のように考えていた。つまり自分たちのセールスプロセスはよく整理されているおかげで、結局、必要な仕事は売りこむための話に磨きをかけることだ。最重要秘密3に、詳しく紹介しておいた。

カードの枚数を減らす

クリエイティブ・ベンチャーズでは、自社で行なうプレゼンテーションは〝マスターデッキ〟から始まる。この名づけ親はわれわれで、これは〝配るトランプの枚数＝見せるスライドの数〟という意味だ。プログラムに関するわれわれのアイデアを、それをわかりやすく説明するためのイメージとともに、個々のアイデアごとに1枚のスライドにまとめあげる。

この作業が終わるころには、説明するのにまる一日かかりそうな、ありとあらゆるものを詰めこんだパワーポイントのプレゼンテーションができあがる。ところが、われわれのプレゼンテーションに与えられる時間は普通、わずか90分ほどだから、考えのある切り捨てをおこなって、この一連のスライドに思い切った編集をする。この〝マスターデッキ〟を最も重要と考えるスライドだけに絞りこむ作業は、とにかく難題なのだ。

これが終わると、われわれはこのプレゼンテーションを聴衆の視点から見直す。聴衆の座る位置に腰掛けて、スライドを順番に映しながら、個々のスライドに対する感想を話し合う。たとえば、「このイメージなら、理解してもらおうとしているわれわれのアイデアがうまく伝わるのかな」聴衆の大半が〝理解〟してくれるか？　プログラムの次のパートが、聴衆を「わかった」から「わたしにできる」という意識へと連れていってくれるだろうか。もしわれわれにその橋渡しができたなら、そのときは、プログラムが成功したことになる。

〝シンプル〟とは、クライアントに、買うというプロセスをできるだけ苦労せずに完結してもらうことだ。〝シンプル〟を上手に実践すれば、競争相手に対して明らかな差をつけられるだろう。

白い旗

アップルに触れることなしに、〝シンプル〟のことは語れないだろう。彼らの美しい創意工夫は伝説になっている。アップルが〝シンプル〟の達人であるという話なら一日中語れるけれど、ここではひとつその決定的な例を示しておこう。それは白いインナーヘッドホンだ。

２００５年のこと。わたしはシリコンバレーにあるアップルの本社を訪ねていた。同社の社員向けトレーニングプログラム（今ではアップル・ユニバーシティーと呼ばれている）でコンサルタントを務めていたからだ。アップル訪問の後、別のクライアントと会うためにサンフランシスコに行った。そのマーケット・ストリートをぶらついているうちに、わたしは実にたくさんの人の耳が、衣服のポケットと白い線でつながっているのに気がつき始めた。そうした耳の穴に突っこむ白いヘッドホンはいたるところで目につくのだ！　ヘッドホンに目をやるたびに、わたしはその持ち主が使っているのは単にＭＰ３のプレーヤーではなく、なんとアップルのアイポッドだとわかったのだ。

なぜだ？　アップルは、シンプルなデザインを目ざす決断をし——何か月もかけた慎重な検討の結果だ（思い出してほしい、〝シンプル〟は簡単という意味ではない）——その製品の色を、常識的な黒ではなく白にしたのだった。だからたとえ一人ひとりが隠し持っているMP3プレーヤーのブランドが何なのか確かめられなくても、白いインナーヘッドホンを見れば、いや、白いインナーヘッドホンを見るだけで、たちどころにそれがアイポッドだとわかるのだった。このおかげで、アイポッドの愛用者の一人ひとりが、歩くアイポッドの広告塔にもなっていたのだ。

それから10年以上がたち、アップルのインナーヘッドホンはワイヤレスへと進化している。それでも、白い色は相変わらずだ。いかにも〝シンプル〟ではないか？

最重要秘密

その2

ジョーダンの方程式

ジョーダンの方程式は、プロとしてのあなたの姿勢とつながりがある。その方程式の対象は、スーパースターになるために舞台裏で重ねられる努力だ。これを誰よりも見事に教えてくれるのはNBA（アメリカプロバスケットボールリーグ）の伝説的人物、マイケル・ジョーダン（以下MJ）だ。だから、敬意を表して最重要秘密その2をジョーダンの方程式と呼ぶことにした。MJが生まれながらにして豊かな才能に恵まれているのは明らかだ。しかし、才能だけで史上最高のバスケットボールプレーヤーになれたわけではない。何年も鍛練を続け、数えきれないほどの時間練習をこなし、何千時間もかけてゲームの映像に目を凝らし研究を繰り返してきた。

100万ドルのセールスパーソン、というのはセールスのプロのマイケル・ジョーダンなのだ。

わたしは上滑りなことを言うつもりはない。つまり、この本は、スーパースター、つまりひと握りの才能に恵まれた人間のことを紹介している、と言うつもりはない。あえてこう言いたい。どんな分野でもその世界のスーパースターにはそれなりの天与の才能がある、ただしほとんどの人たちは、そこまでの才能を獲得する幸運には恵まれていないのだ。とはいえ、生まれつき与えられている才能には、明らかに、その人をスーパースターに育て上げる役割が備わっている。

それでも、才能は人を成功に導いてくれるものの一部でしかない。残りの部分は、懸命な努力だ。100万ドルプレーヤーは、恵まれているものが何であっても、準備と努力なしには、決して頂点に立てないことがわかっている。

生まれつきの才能 ＋ どこまでも粘り強い懸命な努力＝スーパースターの地位

これがジョーダンの方程式だ。

「わたしにはギターの才能はありませんでした」。わたしがインタビューしたセールスのスーパースター、ジャックはこう切り出した。「じつは、わたしは音痴と言ってもよいほどです。でも、ギターが弾けるようになりました。もともと船酔いのクセがあり、ボートの船長になれるはずはありませんでした。それでもなんとかなりました。優秀なセールスパーソンになれるはずもありませんでした。今ではそうなっていますね」。

ジャックの話は大げさではなかった。彼は今ではセールスの達人になっている。韓国人の両親から生まれた一世のアメリカ人、韓国語と英語の両方に堪能なおかげで、文化的な背景のあるその生い立ちをテコにして、裕福な移民ばかりのクライアントの基盤を築き上げ、ニューヨーク市のコリアタウンで金融サービスのキングになっている。文化的な異才を放つ人物である彼が、どれほどキングになるために努力をしたのか、本人の口から語ってもらおう。

ジャックは内気な人だ。もの静かでプロ意識が強い反面、優秀なセールスのプロに一般的に見られる生来の強がりの姿勢がない。こう明かしてくれた。「売りこみには欠かせない高揚感を演出するのが苦手なんです。高揚感が自然には湧いてこない。反対に必死にそうする必要があります。だから〝いつも〟そうしています」。

ジャックは延々と時間をかけて練習し、社交性を身につけようとしてきた。若いときには、オンラインのさまざまなビデオ講習からスピーチの練習まで、能力向上のための努力をひたすら続けた。「自信をつけたいと思っていました」と語っている。「どうしても自信が〝必要〟でした。そして自信をつければつけるほど、わたしのプロ度が上がっていきました」。それ以来今日まで、ジャックはプレゼンテーションと人との接し方の練習を欠かさない。「要するに、隣の人よりも懸命に努力するということです……」と切り出したあと、訂正した。「間違いました。それは、成功にとって重要なことに一生懸命取り組む努力、よく言われる〝スマートに働く〟といった類のことです。わたしは人より一生懸命にそしてスマートに仕事をしています。自分の弱点と強みのどちらもはっきりとわきまえているつもりです」。

ジャックのオフィスを訪問したことによって、その自己研鑽と努力がもたらした成果がはっきりとわかった。社内におけるトップセールスパーソンと認定された回数は12回、それを証明する賞状や賞牌で壁一面が埋めつくされていたのだ。

バスケの歴史

わたしは1990年3月28日に行なわれたシカゴ・ブルズ対クリーブランド・キャバリアーズのゲームを昨日のことのようにおぼえている。マイケル・ジョーダンが活躍していたブルズは、シーズン中ずっとキャバリアーズを圧倒し続けていた。このゲームでもジョーダンは開始そうそうから見事なプレーを披露。わたしはこのゲームの夜は特別な夜になると感じて、有無を言わさずふたりの息子をベッドから起こした。ディランは当時9歳、コリンは6歳だった。翌日学校があるかいなかはどうでもよい。わたしはスポーツの歴史上に記録されるに違いないゲームを自分の目で見るべきだと確信していた。

わたしの判断は正しかった。ジョーダンは驚くなかれ69点を叩き出し、しかもリバウンドは18、アシスト6、スティール4という記録をそのゲームでつくった。それはMJにとってキャリア最高の数字になる。ブルズはキャバリアーズを倒した。そのゲームは、才能プラス懸命の努力がもたらしたすばらしい成果だった。

100万ドルのセールスパーソンは、自分の仕事で成功するために、一体どれほどの努力が必要なのかよくわかっている。さらに強調すべきなのは、なんと実際に彼らがその努力を〝している〟ことだ。これがありきたりの提言であることはよくわかっている。とはいえ、プレゼンテーションでこのジョーダンの公式を紹介すると、よくこんな声が聞こえてくるのだ「それを〝したほうがよい〟のはわかっているんですが……」。それはつまり彼らは〝そうしていない〟ということだ。

ここで考えてみよう。なぜMJは偉大なのか？　そのスピード、パワーそして奮闘ぶりに加えて、MJにあるもの、それは、

自信
自分のスキルを駆使する卓越した力
対戦相手に対するどこまでも深い理解

それもこれもすべて、練習を通して身につけている。

バスケットボールのファンがゲームだけを見て練習のことは知らないのと同じように、1 00万ドルのセールス・スーパースターがどれほどの努力を重ねて競争に打ち勝っているのか、彼らのクライアントは誰ひとりとして知らないと思われる。だから、最重要秘密その2は、氷山の原理だと考えることもできる。氷山を目にしたことがある人なら（もっと可能性があるのは『タイタニック』だ）、海面から覗いている部分は、その全体のごく一部に過ぎないことがわかっているはずだ。

残りの大部分は海面の下に隠れている。この比喩が100万ドルプレーヤーのすばらしい姿勢を明確に語ってくれている。優秀な稼ぎ頭が新しく取引を成立させたとき、それはいわば氷山の一角にすぎない。その成功の影には、非常に厳しい鍛練と途方もなく時間をかけた練習が隠されているのだ。

インタビューの相手は、スーパースターになるために一体どれほどの努力を重ねているのか？〝とても懸命に〟。

その一例としてアントニオを紹介しよう。わたしはアントニオが大好きだ。わたしがインタビューしたのは、ロードアイランド州で開催された金融商品を販売している人たち向けのカンファレンス会場だった。アントニオのことが大好きになったきっかけは、このカンファレンスでの話の合間に、わたしに、テニスの殿堂にいきたいかと訊いてきたことだ。

わたしがテニスをすることを知っていたのだ（わたしは、いきたいけれどもテニスの殿堂があるのはニューポートで、州を縦断することになるのでとても、と答えた。というのも、われわれがいたのは州都のプロビデンスだったのだ。「なぁに、大したことでは。ここからたったの34マイル（約55キロ）ですから」。東海岸にある州の狭さに驚かされた。クルマなら2時間ほどで、ダラスだったら〝まだ〟ダラスの外に出ないほどの距離だ）。それは今でも忘れない、人生に一度と言ってもいいような経験だった。そしてそれこそが、アントニオが自分のほんとうのクライアントに対して実践しているＶＩＰ接遇の仕方だった。

アントニオは100万ドルプレーヤーで、幅広い領域で専門的なスキルを持っている。成功の根源には、投資に関する豊かな知識がある。つまり、多くの仲間がしているような狭いニッチな金融商品だけを専門に扱うのではなく、ショットガン的な手法を使い、多種多様な投資を勉強したおかげで、どんなクライアントの財務の要求にも論理的に答えられるだけの力を身につけている。その熟達ぶりはあまりにも見事であり、そのおかげで、駆け出しのセールスパーソンから5年もしないうちに100万ドルプレーヤーにまで成長した。

そうした成功の影で、それと引き換えにしたものがあった。それは時間だ。多くの多くの時間。アントニオは投資商品を売っている時間と同じくらいの時間をかけて、投資の勉強をしている。業界で仕事のスピードを上げそして維持するため、日常的に朝早くから仕事を始め、夜遅くまで粘って、金融の世界を研究している。キャリアの初期の段階で、アントニオは、社内のプロとのネットワークづくりに努めていた。そのため、債権のセールス、年金その他何でも、わからないことがあるときは、そうしたプロのところにいって情報を授けてもらえるのだ。

アントニオ最大の強みは、生まれつきの才能にあるのではない。それは、本人のことばを借りれば〝自分独自のセールスの頭脳をつくる〟努力をしていることだ。競争相手よりもよく働きよく勉強し、だからこそ、売上も勝っているのだ。

生来の光るものがあっても、それだけで100万ドルクラブに入れるわけではない。

インタビューの相手はこんな風に語ってくれた。肝心なのは、自分の持って生まれた才能(誰にも何か得意なことがあるものだ)と懸命な努力との適切なバランスを見つけ出すことだ。ダラスにいるジョジョという名の不動産仲介者は、たとえば外向的な性格だけに寄りかかっていると、それが障害になる場合があることに気づいたと語ってくれた。「わたしが気に入っているセールスの作り話に、〝優秀なセールスパーソンは常に臨戦態勢〟というのがありますす」。そして続けた「まともじゃありませんよ。そうでしょう? 私たちはうるさがられているような人種ですよ。もしいつも臨戦態勢だとしたら、耐えられない存在になってしまいます」。

ジョジョが仕事の経験を通して観察した同業者の中には、懸命な努力をせず、自分の魅力に寄りかかって売上を上げようとする者もいた。ジョジョに言わせれば、そうした仲介者の仕事はそれでOK。ただし、そこそこOKではあっても、立派とは言えない。次に、外向的な人に見られる陽気さには欠けているものの、何時間も際限なく猛烈に働く人がいる。それもOKだと言う。

しかし、〝OK〟がジョジョのゴールになったことはない。ジョジョは常に、大きなゴールを設定するためには、才能と仕事の適切なバランスを見つけなければならないと考えていた。「わたしが学んだ優秀なセールスパーソンの姿はこうなります。最高の人は、どんなものでもそれが扱われる必要のあるときがいつかを、正確に把握しているのです」。そして続けた。「自分の専門的な知識を呼び覚ますときもあれば、すばやく行動する能力を呼び覚ますときもあります。また、ただ注意深く聞くだけのときもあれば、自分の提案を完全なものにしようとして必死にがんばるときもあります」。そのうちに、販売の場それぞれで、クライアントの一人ひとりが要求する的を射た努力とはなんであるのかがわかるようになった。

懸命に〝そして〟スマートに仕事をするというこの考え方は、ジョーダンのプレーブックにあることばそのままだ。他のバスケットボールプレーヤーと同様に、MJは何度も繰り返しフリースローの練習をした。懸命な努力を重ねたのだ。

けれども、MJの練習の〝スマート〟な部分は、そうしたフリースローを、練習の最後でしていたことにある。つまり、体力が消耗してしまってから、ゲームの土壇場でおこなうフリースローがどんなものなのかをシミュレートしようとしていたのだ。疲れすぎて、勝負を決めるフリースローが入らない状態に陥ってしまい、チームメートやファン、あるいは自分自身を落胆させたくなかった。だから、そんな筋書きのために準備をしたのだ。

明日の勝利のために、今日は敗北に甘んじる

わたしには毎週一緒にテニスの練習をする友だちがいる。試合やトーナメントに備えてふたりで何度も練習を繰り返している。気に入っている練習に〝イレブン・ボール〟がある。

ひとりがボールを打ってプレーを始める。もうひとりが打ち返す。こうしてゲームを続ける。11点取ったほうが勝ちだ。

わたしの友だちはイレブン・ボールでいつもわたしに勝とうとする。毎回、ウイニングショットを打てるチャンスを狙っている（そして勝っている。ウソじゃない）。これに対してわたしは、ある練習プランにこだわっている。イレブン・ボールのプレー中ずっと、ネットを斜めに越えていくショットばかりを打つように心がけて、クロスコートのフォアハンドを返すようにしている。たとえ、そのゲームには負けたとしても、わたしのクロスコートのフォアハンドは上達していく。わたしは試合の準備のためにこの練習をしているのだ。

次回、新しいセールスの口上や戦略を採り入れるときに、集中的な練習を試してみよう。改まったリハーサルを一、二度計画して、いい人悪い人、さまざまなクライアントのロールプレイをする。いざ本番になれば、それだけの努力は報われるはずだ。

この調査の対象者ひとりを取り上げて、この集中的な練習の考え方がどのようにセールスに活きるのかを紹介しよう。

それは長い一日が終わるときのことだった。わたしはオレゴン州ポートランドにある保険会社を訪ねていた。傷害保険のセールスウーマンであるペタと最後のインタビューをするため、待っていた。傷害保険が補償するのは、組織による過失や怠慢だ。個人の場合には、自動車保険が傷害保険の一種と言える。もしあなたが誰かのクルマにぶつけたら、その過失補償を受けられるのだ。

一日の終わりにおこなうインタビューは苦手だ。普段はそのころになると、疲れてしまっているから。それはインタビューの対象者にとっても同じことだ。しかもセールスパーソンのスーパースターであっても、一日が終わればさっさと家に帰りたくなるものだ。ところが、会議室でペタを待っていると、別の会議室から誰かの話し声が絶えることなく聞こえてきた。この長話は、電話をしている声だと思った。延々と続く。いてもたってもいられなくなり、コーナーの向こうを覗いてみると、ひとりの女性がセールスのプレゼンテーションをしているのが目に入った。しかし、その相手はひとりもいない。部屋にたったひとりだった。

ペタのことを紹介しよう。

ペタは自分のプレゼンテーションを一つひとつ何度も練習するとわたしに語ってくれた。スライドの順番をおぼえる。話の要点を強調するために、よくできたストーリーに移るタイミングを把握しているから、自分の企画の特長や利点を売りこむタイミングもよくわかっている。一日の仕事の終わりにはいつも、通し練習を欠かさない。というのも、そのときにうまくできれば、どんなときでもうまくできると考えているからだ。

同僚のセールスパーソンも同じことをしているのかとペタに尋ねてみた。答はノーだった。

「わたしはとんだ変わり者だと思われていますよ」。そうかもしれない。それでも、ペタもまた100万ドルのスターだ（ところで、長い一日が終わるころであったにもかかわらず、ペタはとても生き生きとインタビューに応じてくれた）。

こうしてわたしはジョーダンの方程式の最終パートにたどり着いた。つまり、報われるのに十分な努力を重ねれば、そこには間違いなく最上のゲームが待っている。

NBAは1シーズンに82試合が組まれる。各プレーヤーは、毎晩毎晩、どの試合にも出場することが期待されている。仕事とはそういうものだ。セールスの世界では、優秀な人たちは、どのチャンスにも自分のベストが求められていることがわかっている。最上のゲーム、つまりベストを尽くした仕事を、どのクライアントとの取引でも毎回確実にすることが、その人の存在感を高め平均的なセールスパーソンとの差をつけることにつながっていくのだ。

わたしは調査を実行する何年も前に、このことに気がついた。それは、大手製薬会社でトップの実績をあげていたジョエルに出合ったときのことで、ところはラスベガスで開催されていた同社の全米セールスカンファレンスの会場だった。ジョエルは全社から選ばれた3人のセールスパーソンのひとりで、その分科会で話をするよう依頼されていた。テーマ？　何が自分を成功に導いてくれたのかを、3人がそれぞれに話すこと。わたしはそこの聴衆のひとりになっていた。

最初の講演者の考えはそれなりに興味深かった。2番目の人は優秀な人だったのかもしれないが、会場に向かうエレベーターの中で講演の内容を考えていたのが明らかだった。そして次にジョエルがステージに立った。演壇から降りると、堂々とした声でこう言った。

「あなたが今していることをやめてください！　わたしはあなたの人生を変えてみせます！」

そのときでさえ、つまり部屋を一杯にしていた仕事仲間に向かって15分のプレゼンテーションをおこなっているときでさえ、ジョエルはその部屋にいる誰よりも成功のエネルギーを理解していた。わたしは椅子の上で座り直したのをおぼえている。漫然と座ってスケッチブックをいじるのをやめた。すぐに、この男が言おうとしている内容が何であっても、居住まいを正してそれを聞くほうがよいと考えたからだ。

マイケル・ジョーダンは自分の力の出し惜しみをしなかった。ジョエルもそうだ。強調しておきたい、練習の場に姿をみせればそれでよいというものではない。わたしは最近、いわゆるミレニアル世代の専門家がビジネスリーダーのグループに向かって次のようなことを話すのを聞いた。

この世代の人材を採用しようとするとき、とにかく応募する人を見つけ出せるなら、ゲームで有利な立場になりますよ。

ち・が・う。第一、この専門家はミレニアル世代を正確に説明していなかった。次に、〝とにかく応募する〟のは強みではない。あなたがミレニアル世代であってもなくても、姿を現せばそれだけで、業界における本物の稼ぎ頭の地位につけるわけでは決してない。期待の度合いを下げるのは、あなたであれ誰であれ、その人の業績にとっては何の意味もない。期待度を下げることによって、優秀になるために必要なエネルギーは無視されるのだ。

並外れた行動・姿勢の核心にあるのは、舞台裏で、そして試合の日に、努力をし力を発揮すること、これに尽きる。真剣に取り組み、よく観察し学習し、自分のしていることすべてに対してどこまでも最善を尽くす、そうすれば、あなたもスーパースターになれるかもしれない。

〝楽々〟などとはとんでもない

パブロ・ピカソについて語っている、神話になりそうなストーリーがある。とにかくそれを紹介してみよう。というのも、それほどよいストーリーだから。

この偉大な20世紀の芸術家は、道端のカフェでくつろいでいた。そこにひとりの女性がやって来て、こう叫んだ「わたしはあなたの一番のファンです！」そして自分のナプキンに何か描いてくれないかと頼んだ。

ピカソは請われるままに描いた。有名なピカソ独特の線画がすぐにできあがった。そしてさらさらと書き上げたその絵を女性に差し出してこう言った「1万ドルになりますかな」。

「1万ドルですって!」と女性は息をのんだ。「だって、描くのにかかった時間はたった1分でしょう!」

ピカソは答えた「いいえ、マダム、それはわたしの一生をかけた線画です」。

最重要秘密

その3

いい話を語ろう

わたしが初めてマギーのストーリーを聞いたのは、わたしが運営していたビジネスの場における ストーリーテリングについてのワークショップだった。ある金融サービスの大企業が、世界で最も優秀な女性のフィナンシャルアドバイザー17人を3日間の特別カンファレンスに招いていた。そのカンファレンスには、数々のパーティーやセールスプレゼンテーション、そして教育の場が用意されていた。その中のひとつが、クリエイティブ・ベンチャーズの〝昔々プロジェクト〟だった。そのテーマは、戦略的なツールとしてのストーリーの活用法だ。

わたしがストーリーテリングの練習を通して、100万ドルのセールスのプロを指導していたとき、出席者のひとり、マギーはすでにそのコンセプトを見事に理解しているように思えた。わたしがマギーの優秀さを改めて思い知ったのは、休憩時間に立ち話をしながら、金融の仕事を始めたきっかけはなんだったのかと聞いたときのことだ。そこで聞かされた話は概ね、次のようなものだった。

何年も前にマギーの結婚は破綻してしまっていた。母親と3人の子どもを抱え、なんのキャリアもなく、お先は真っ暗だった。教会でたまたま出会った投資の専門家が、家計のことで相談に乗ろうと言ってくれて、マギーに希望を与えてくれたのだった。聞けば、そのクライアントはかつてマギーよりも悪い環境に陥っていたにもかかわらず、今は努力して新たな生活を手にしているという。その生活は、マギー自身が子どもたちを抱えながら想像していたそのいく末よりもはるかに安定したものだった。

時の経過とともに、自分の家計に明るい見通しがたつと、マギーは、自分はかつての自分と同じような境遇にいる人たちを助けられるのではないかと考えるようになった。マギーを助けてくれた専門家は、その家計を建て直す力になってくれただけでなく、将来への希望を与え、そしていつのまにか新しいキャリアに目を向けるよう仕向けていたのだった。

すごい。マギーは、わたしがそれまでワークショップでずっと教えてきた要素をことごとく盛りこんだすばらしいストーリーを話してくれた。わたしはマギーに、どれほどの回数、人に話したのかと尋ねた。というのも、その話はすでに完璧に仕上がっていたのだから。

「クライアントというクライアントに話していますよ」

ストーリーの基本　パート1

よくできたストーリーはどれも、それが映画であってもセールスの売りこみ文句であっても、踏襲している構成は互いによく似ている。自分独自のストーリーを練り上げようとするときは、とくに次の要素に細心の注意を払おう。

冒頭部分 自分のアイデアを打ち出し、その話をしているあいだ絶えず、聞いている人たちの目と耳を釘付けにする、そんな冒頭にしなければならない。

中段部分 あなたのストーリーの肝だ。話の始まりと終わりとの間で語られる部分であり、その目的は、相手を最後の結論へと導いていくことにある。

結末 よくできたストーリーにするには、とくにそれがビジネスに関するストーリーの場合には、明快な終わり方にしなければならない。しかも壮大な終わり方であることも求められる。力強い終わり方は、聴衆の記憶に残るものだ。

ストーリーをドラマチックに始めよう。中段では自分のアイデアを貫こう。最後は、衝撃を！

マギーを支えているクライアント層は、現実には女性たちだった。仕事をしている母親やシングルマザー、つまりマギーがかつて陥っていた境遇の厳しさが感情的にもわかる人たちだった。「クライアントには、わたしがつらい過去を背負っていること、そして同じ気持ちになれることをわかってほしいのです」。そしてこう続けた「その苦しみはわたしの苦しみなんです。抱えているつらい障害は、わたしのものでもあります。でも、わたしはその障害を乗り越えてきました」。

わたしの調査では、100万ドルプレーヤーの誰もが、中身の詰まった道具箱を持っていた。その中には、製品に関する知識、セールスの努力を支えてくれる優秀なチーム、感情的な交流、人間関係を構築する力といったものが入っていた。これらはみな、セールスの世界では大切なものだ。しかし、こうした最高のプレーヤーが持っている独創的な道具の筆頭は、説得力のあるストーリーを語る能力だろう。しかもこれは誰でも持っている。最重要秘密その3の核心は、セールス成功のために、ストーリーテリングが果たしている決定的な役割に注目することにある。

その通り。セールスに関する本の大半に書いてあるのはストーリーの力だ。しかし、わたしがこの本で強調したいのは、もしあなたが100万ドルプレーヤーになりたいと思っているなら、このスキルが、誰が何と言おうと最も重要なのだということだ。

月曜朝のストーリー・タイム

わたしはある保険の大会社と仕事をしている。その本拠地はアトランタで、全米に35のオフィスを展開している。ストーリーを使って有利な立場に立つ方法を彼らに紹介していたとき、わたしは〝今何が起こっている？〟ミーティングなるものの採用を提案した。今では、毎週月曜日、彼らのどこのオフィスでも、セールスのスタッフが集まって、30分にわたってお互いに話し合っている。

〝今何が起こっている？〟ミーティングで取り上げられる議題のひとつに、ストーリーの収集がある。セールスマネージャーは「先週、すごいストーリーを仕入れた者はいないか？」と問いかける。

このミーティングが終わると、各地のオフィスからやって来たセールスマネージャーは自分がこれと思ったストーリーをいくつか本社に送る。本社のマーケティング部門は、それらをすぐに評価し、中から最大で3件選び出すと、短い効果的なストーリーに仕立て上げて、社内のイントラネットにあげる。どのオフィスの誰であっても、イントラネットの画面にある〝ストーリー〟ボタンを押せば、見こみのあるクライアントから契約をとれそうな目新しい話を聞ける。

ストーリーの基本　パート2

スティーブン・スピルバーグの映画の興行収入は莫大で、獲得した賞のコレクションで倉庫が一杯になるほどだろう。というのも、最高の才能に恵まれた現代のストーリーの語り手だからだ。スピルバーグは、すぐれたストーリーには決定的な要素があることを理解している。あなたのセールスのストーリーは大ヒット作ではないかもしれない。しかし、次のことに目を向けてみよう。

登場人物　話を聞かされる人たちは、スピルバーグのストーリーの中心になっている印象的なヒーローを連想するものだ。それはたとえば、『未知との遭遇』に登場する狂ったようにUFOにとりつかれた電気技師や、『プライベート・ライアン』の自己犠牲をいとわない陸軍大尉だ。〝あなた〟と〝あなたのクライアント〟を登場人物にしたストーリーを創作すれば、スピルバーグと同じような連想をさせられる。

ぶつかり合い　登場人物が成功するために克服しなければならない問題がこれだ。『ジョーズ』では、「警察署長マーティン・ブロディが、執拗きわまりない殺人ザメからいかにして海辺の田舎町を救うのか？」が問題になっている。「自分のクライアントの抱えている問題は何か？」という疑問の上に、自分のストーリーを練り上げてみよう。

解決　スピルバーグの映画の結末で、問題は解決する。『レイダース／失われたアーク《聖櫃》』のインディ・ジョーンズほど、克服できそうにもない障害を乗り越えるのが得意なヒーローはいない。この考古学者はナチの手から貴重な宗教的遺物を巧みに盗み出したり、体を焼き尽くされる危険を回避したりする。あなたの製品やサービスがクライアントに成功をもたらす、それがあなたのセールスのストーリーに与えられたテーマなのだ。

セールスの場でストーリーの力を認識する作業は、〝あなた〟が〝自分の〟ストーリーをどのように話すか、というだけではない。それは、クライアントに彼ら自身のストーリーをいかに語らせるかということでもある。ジェニーとマークは、シアトルで広告代理店を経営し100万ドル級のクライアントを大量に抱えていて、ふたりともこのことはよくわかっている。物語を語るのが彼らにとって最優先の仕事なのだ。具体的には、創作するテレビのコマーシャル、広告、看板、世の中とのやりとり、これらはみな、ストーリーだ。そしてそれが、ふたりのストーリーを制作する才能を活かすための唯一の方法なのだ。ジェニーとマークはストーリー制作の技術を駆使してさまざまなアイデアを生み出し、クライアントの言いたいことが何かを探り出そうとしている。

「何がクライアントをその気にさせるのか、その理由が知りたいのです」とふたりは語ってくれた。「何が重要だと思っているのかが知りたいのです。クライアント自身のビジョン、価値観が知りたい。また、〝彼らの〟クライアントが彼らのゴールの設定にどのような役割を果たしているのかが知りたい。そして、何が彼らをその仕事にかき立てるのかを理解したいのです。クライアントには魅力的なストーリーを話してもらうよう促しています。そうすればやがてそれを、彼らを説得するためのメッセージに仕上げられるんです」。

ジェニーとマークは、彼らのクライアントの製品と、うまくすればそれを買ってくれそうな消費者とを結びつけようとしている。そしてその作業は、クライアントのストーリーを考え抜くところから始まるのだ。

では、その方法は？　クライアントに対して鋭く切りこんだ質問を大量にすればよい。ジェニーとマークにインタビューしている間、この最高のプレーヤーふたりはクライアントに切りこむプロセスを丹念に教えてくれた。たとえばこうだ。そのクライアントリストに最高級のモダンな家具の店があった。

家具はどれも、優美でスタイリッシュ、そして非常に高価だった。わたしはその姿や感触が気に入っていた。ところが、この家具店で仕事の話をするときでさえ、このふたりは家具のことをほとんど尋ねようとしなかった。それよりも、この小売店の文化やビジョンそして夢を尋ねていた。こんなふうに「追求なさっているものは何ですか？」。もしこの種の尋ね方が自然に頭に浮かばなかったら「これについて話してください」という感じの質問を考えてみればどうだろう（「これについて話してください」については、はじめにを参照）。

ミッション・クリティカル

1969年のムーンウォーク（月面歩行）は中止の憂き目にあう寸前だった。事実、一連の月探査ミッションの遂行は、ストーリーの力に負っているのかもしれない。

1967年1月27日、この計画がまだ試験段階にあったとき、思わぬできごとが起きた。

スケジュール通りのテストをしていたところ、指令船に火災が発生、ほんの数秒で火は消えたものの、ヴァージル・〝ガス〟・グリソム、エドワード・ホワイトそしてロジャー・チャフィーの3人がこの火災の犠牲となる。彼らはジョン・F・ケネディ大統領の夢が追求される過程で、初めて死亡した宇宙飛行士となった。

事故は米国全土に衝撃を与え、このミッションは必要以上に危険であり、NASAは閉鎖が避けられないのではと考えられた。そこで、連邦議会にこの事故に関する調査委員会が設置された。その焦点は責任がどの飛行士にあるのか解明することにあった。そして、この委員会で専門家として証言を求められたのが、フランク・ボーマン大佐だった。

ボーマン自身も宇宙飛行士であり、アポロ8号のミッションでは船長を務めていた。ちなみに、この8号は月を周回した最初の有人飛行船だった。ボーマンが証言しているとき、委員会のメンバーである議員のひとりが、ボーマンに、犠牲となった3人について少し話をしてくれないかと尋ねた。

ボーマンは証言台で、亡くなった宇宙飛行士にまつわるストーリーを語った。そして彼らの献身的な人物像を紹介した。そのストーリーを通して、宇宙飛行士であることの意味、そしてどれほど彼らは失うには惜しい本物の人間であったかを委員会の面々に理解してもらおうとした。ボーマンは亡くなった仲間にまつわるストーリーを織り上げ、それによって、宇宙飛行士の礎となっている名誉、義務そして国への思いを説明したのだった。

こうしたストーリーがありのままに語られたために、その後、ボーマンの証言によって、アポロ計画だけでなく、NASAそのものまでもが救われたと信じられている。

人類はその誕生以来ストーリーを語り続けてきた。ストーリーのおかげで、われわれは共感を抱きながらさまざまなアイデアを理解し大切に育ててきた。セールスの世界では、ストーリーというものがアイデアの影響をさらに大きくする。それによって買い手は自分の買い物の効用を理解するのだ。彼らに買ったあとの結果を提示し、互いの関係を強固にする。こうした理由から、成功しているセールスのプロの大半は、ストーリーを道具として絶えず活用しているのだ。しかも当の本人がそうしていることに気がつかないで活用しているときもあるほどだ。

マルコは投資商品として保険を売っている。自分のクライアントがその不動産計画と金融資産との乖離を埋めるチャンスを見つけ出すことに、〝非常に〟長けている。ひたすらクライアントにとって最高の仕事を目ざし、ひとつの商品を薦めるのと同じ姿勢で、ある特定の投資がクライアントの求めているものには合っていないと言う。その個性的なスタイルのおかげで、マルコは信頼してくれるクライアントの基盤をつくりあげ、しかもその紹介にも恵まれて常に休むヒマがない。ロサンゼルスのオフィスで、マルコのゴールの到達を支えるチームをまとめ上げている。彼らもまた、マルコのスタイルから恩恵を受け、信頼を寄せる姿勢をどこまでも貫いているのだ。

わたしがインタビューをしていると、マルコは、自分の成功はチームのメンバーのおかげだと何度も繰り返した。「彼らの存在がなければ、このインタビューを受けられるまでにはなっていません」。そしてある管理スタッフ、アビーにまつわるストーリーを話してくれた。ロサンゼルス国際空港に急いでかけつけると、パリ行きの飛行機に搭乗する寸前だった見こみのあるクライアントのふたりに、投資の提案書を無事手渡した。そのときのアビーの仕事ぶりを語ってくれたのだ。相手のふたりは、オフィスを出発して空港に向かう前に、あなたの提案書は間に合わないだろうか、できれば飛行機の中で検討したいからとアビーに言っていたのだった。そこでアビーはなんとしても間に合わせると決心した。

あなたには、ロサンゼルス空港に自動車を運転して行き、そこで駐車場を見つけ、そして、そのにぎやかな空港で人ごみの中からふたりの人間を見つけ出した、という経験があるだろうか？　アビーはそれをやってのけた。おかげで今では、このふたりはマルコのクライアントになっている。このストーリーには最も重要なオチがある。つまり、それからひと月たって、提案書の商品を買うためにやって来たこのふたりが、マルコにアビーとのエピソードを話した。ところがそれは、マルコにとってまさに初耳だったのだ。

とてもいい話で、マルコは、クライアントをハッピーにするために自分たちがどれほどまでのことをしているのか、説明したいときにはいつもこの話を持ち出す。見こみのあるクライアントに「ご期待以上のことをさせていただきます」と言うのは当たり前。それよりもはるかに効果があるのは、印象的なストーリーを語って気持ちを活き活きと伝えることだ。「クライアントが『あなた方がわたしのエージェントとしてふさわしいとおっしゃるのはなぜですか?』と聞いてきたときは、こう答えます。『アビーがいるからです』」。

ポール・J・ザック博士はカリフォルニア州クレアモントにあるクレアモントグラデュエイト大学の神経経済学研究センターを創立したディレクターで、ストーリーには、人間に対して生物学的な影響を与えると発言している。具体的には、信頼の感覚とつながっているホルモン、オキシトシンの分泌を促すという。

もしこの説が正しいとすると、あなたがストーリーテリングを道具として使うとき、あなたから買おうという気にさせてしまう感情をクライアントの中に沸き上がらせることができるのだ。

ストーリーのプロセスには3段階あり、次のような順序で構成されている。

1 発見 話すストーリーを選ぶ。この段階で、自分のゴールにぴったりの話を見つける。この見つける作業は、すぐに使えるストーリーの在庫を積むことから始める。〝クライアントの期待以上の〟ストーリーをいくつ在庫に抱えているのかとマルコに尋ねると、笑ってこう答えてくれた「たくさんありますよ。その在庫リストは日ごとに長くなっていますからね」。

あなたがまだ、自分のストーリー収集を始めていないのなら、今がまさにそのときだ。ただし、あまり凝りすぎないほうがよい。優秀なセールスのプロの生活は、成功一直線のストーリーと、そして、どうしようもない失敗のストーリーの両方であふれかえっている。まずは、手許のノートに自分のストーリーを思い出し記録することから始めよう。このストーリーの在庫が、発見のプロセスへとつながっていく。つまりこれこそ、自分が相手に与えようとしている衝撃を生み出してくれるストーリーを、その在庫の中から絞りこむ作業なのだ。

2 練り上げ

ストーリーを考えよう。ここでわたしが〝書く〟ということばではなく、〝練り上げる〟ということばを使っていることに注意してほしい。われわれは日がな一日何かを書いている。電子メール、携帯のテキストメッセージ、メモ。ところが、練り上げる作業はほとんどしていない。

セールスのゴールを達成するがらくた情報を適当にかき集め、そこからセールスのゴールを達成するのに役立つ説得力のあるストーリーが見つかるのを期待する、そんなことはできない相談だ。あなたは物語の構成を考えてストーリーをつくるべきだ。つまり、ぶつかり合いが始まる冒頭、そのぶつかり合いが演じられる中段、そしてそれが収束する（望ましいのはクライアントの利益になる）結末、を考える。マルコの語るアビーのストーリーの短縮版ではこうなる。冒頭：見こみのあるクライアントが予想もしていなかった急ぎの要求を出してきた。中段：アビーが必死になってその要求に応えようとした。結末：そのおかげでクライアントはハッピーになった。

3　話す　聞き手にあなたのつくったストーリーをていねいに伝えよう。ストーリーテリングは猛練習が必要な芸術的表現だ。一夜漬けでは無理。ひとりでそしてチームの人たちを前にしてリハーサル練習を重ねることで自分の実力に磨きをかける。それを、すっかり自分のものにして、セリフを朗読しているという感覚がなくなるまで続ける。一言一句、忠実に繰り返す必要はない。もしそうしたら、現実には話し方がぎこちなくなる。必要なのは、自分のストーリーをよく理解していることだ。あなたの話によって、持っている人間的な魅力や独自のスタイルが相手に確実に伝わるようにしなければならない。

スーパースターのプレーヤーはセールスの機会に恵まれたときは決まって、ストーリーを活用している。もし可能な限りの最高の数字を上げ、自分のキャリアのゴールに到達したいと望むなら、まず、ストーリーを自分の道具箱の中で、最も重要なものにすることから始めよう。

〝単語6個〟の難題

こんな伝説がある。偉大な作家アーネスト・ヘミングウェイがあるとき、友だちに10ドルの賭けを持ちかけた。6個の単語で立派なストーリーが書けるか書けないかという賭けだ。

その場の全員が賭けに応じたところで、ヘミングウェイは次のように書いた。

赤ちゃんの靴、売ります。未使用です（For sale: Baby shoes, never worn.）。

ヘミングウェイはみんなから10ドルを集めた。

クリエイティブ・ベンチャーズでは、このテクニックを使っている。その目的は、セールスパーソンの言いたいことの核心的な要素を、彼ら自身が理解するのを助けるためだ。もし自分のメッセージをわずか単語6個で伝えなければならないとしたら、非常に〝シンプル〟な話をつくる以外にない。たとえば、フィナンシャルアドバイザーのマギーの場合には、6個の単語を使って、最も根源的なところで言えば、精神的な安定を売っていると説明している。

「大荒れの夜でもぐっすりお寝みになれます」

つまり、「環境が大荒れになっても、大船に乗ったお気持ちで」という意味だ。

この練習に取り組んで、あなたのストーリーのスキルに磨きをかけよう。そして核心的な要素を伝えられる多種多様なストーリーを用意しておこう。

最重要秘密

その4

まず、友だちをつくろう

ここからは、おかしいと思われそうなことを紹介しよう。

あなたのクライアントと友だちになろう、それも、あなたのクライアントになる前に。クライアントとの関係を築くことは、最初の段階で、ほんのわずかでも売上をあげるということより大切だ。わたしがこの特異な秘密を紹介すると、相手の人たちはこんなことばを返してくる。「気が変になったんですか?」そう。「クライアントと強固な関係ができあがる前に、あなたが売っているものを話題にするのは禁物だ」は常識とは真逆のセリフだ。

セールスパーソンは自分の会社がつくっているものや、していることが大好きだ。自分の製品やサービスが大好きだと思っているときには、データ、比較分析、統計面で重要な事実などを、これでもかというほど、クライアントになる見こみのある相手にぶつけようとする。クライアントにしたいと思う相手に、市場で頂点にたっているのは、自分が売っているものだということをわかってほしいのだ。

そんなしつこい欲求は忘れよう。自分の戦略の転換を図って、とりあえず、売りこみ文句を捨て去ってみよう。見こみ客に初めて会うときには、この新たなクライアントとの関係を築くことに全神経を集中させよう。セールスの世界では、少なくともあなたが一流の仲間入りをしたいと思っている場合に、この関係は決定的な重みを持つ。だから扱っている製品やサービスの話を持ち出すのは、そのあとでもよいだろう。

この考え方は非常に重要なので、繰り返し述べることにする。あなたにその考え方を確実に吸収させたいからだ。つまり、最重要秘密その4は、100万ドルプレーヤーはセールスのビジネスにいるのではない、という事実の確認だ。彼らは人とのつながりをつくるビジネスにいるのだ。もちろん彼らはモノを売っている。しかし、彼らが100万ドルの高みに到達したのは、彼ら自身が長い年月にわたって努力を続けていることを自覚しているからだ。

彼らは、強くて永続的な関係を築くためにじっくり時間をかけることによって、そのことを理解している。売上を1件あげるのではなく、何年も同じクライアントと付き合う過程で、多くの案件をまとめあげようと考える。そして競争相手を大きく上回る実績を上げ、成功をおさめてきた。それは、こうした関係に尋常ではない目配りをし続けているからだ。

ここで、〝まず、友達をつくろう〟に話を戻そう。

セールスチームが具体的にこの秘密のことを聞くと、噛み合って動いている歯車にレンチを投げこまれたような反応をする。会話がぎくしゃくして止まってしまう。常識とは真逆だ。世の中で考えられているビジネスの仕方とは正反対の方向を向いている。たぶん、常識にも逆らっているだろう。この場合、それでよい。

常識とは真逆の考え方の力

成功を呼びこむ型破りの思考の持ち主にまつわるストーリーでわたしが好きなのは、エイブラハム・ウォールドのそれだ。1902年、オーストリア＝ハンガリーで生まれた数学の天才だ。ウォールドは第2次大戦前のナチ政権から逃れ、ニューヨークに渡る。そして統計研究グループと呼ばれた組織で米国の戦争遂行のために働いて、その生涯を終えている。

このグループの構成員は、数学を駆使してさまざまな軍事的問題に対する解決策を考えていた人たちだった。与えられた問題のひとつにこんなものがあった。

「爆撃機を撃墜から守るにはどうすればよいか？」

自明の答は、「装甲板を追加する」。ところが、空飛ぶ要塞・B-17のような爆撃機の機体は重くしかも巨大。こうした鈍重な巨体は戦争に勝つための戦力ではあっても、空ではすでにカタツムリ並みにのろまだった。だから、装甲を強化すれば、機体はますます大きく、重くそしてのろまになるだけだった。答えを出すカギは、追加する装甲板を最小限に抑え、それをほんとうに必要な部分だけに貼りつけることだった。

軍はすでに検討に入っていた。爆撃機が被弾しても地上に帰還できた場合、軍は弾痕の位置を確認し、その周囲に装甲板を追加した。

これは納得のいく話だろうか？　ちょっと待て、とウォールドは言う。その努力は完全に間違っている。それでは機体の最硬部分に装甲板を追加していることになる。

ウォールドは、被弾しても無事着陸した機体には、エンジンの周辺に弾痕が見られないことに気がついた。この事実が次の結論につながっていく。つまり、帰還できなかった機体は、エンジンの周辺に被弾してしまっていたのだ。ウォールドの解決策、そのエンジンの周辺に装甲板を追加すべし。

軍はこの策を実行した。ウォールドが提唱した常識とは真逆の考え方によって、数えきれないほどのパイロットや乗組員の命が救われたことに、疑いの余地はないだろう。セールスは一般的に生きるか死ぬかの営みではない。それでも、違った視点から問題を観察することによって、あなたはビジネスの天才に生まれ変われるかもしれない。ウォールドは自分の考えに自信のある人たちを選び出し、彼らをもっとすぐれた別の方向へと導いている。

教訓：常識とは真逆のアイデアを、無下に切り捨ててはならない。

さてここで、スーパースターがどのようにして最重要秘密その4を自分のものにしているのか、その流儀を紹介しよう。取り上げる人物はウィリアムだ。ビリーのほうが通りがよい名前だ。SF映画に登場する未来的な世界のセールスの重鎮だ。ビリーはロボットの手術機器を売っている。つまりそれは、外科医が操作して体に手術を施す（ビデオゲームと一体化した外科用メスを思い浮かべてほしい）ロボットのことだ。ロボットが補助してくれる機器は、眼の手術のように、細心の注意が必要な場合に活用できる。そうした作業では、言うまでもなく精密さが最も重要であり、外科医の手がごくごく微妙な動きをしただけで、それが惨事を招くこともあるのだ。

ビリーの会社がつくっているマシンは安くない。200万ドルもする。だから、誰でも想像できるように、ビリーは毎日1台売っているわけではない。また、同じ医師や病院に何台も売っているわけでもない。日々根気よく、新しいクライアントの開拓に精を出している。そのセールスの周期は長く、それらの機器が神業的な機能・性能を持っていたとしても、その売りこみの過程で、ビリーが多くの技術的な驚異について長い説明をする様子は見られない。売買契約にこぎつけるときはいつも、その段階までにすでに約95パーセントの時間を、製品の売りこみにではなく、買い手とよい関係を築くことに使っている。

ビリーは昔流の話術の達人だ。その相手が病院の経営者、熟練の外科医、最高財務責任者、そして裕福な篤志家となれば、ビリーは演出家のように振る舞うのだ。一歩一歩、自分の会話の方程式のペースに持っていく。つまり、質問をする、その答をよく聞く、自分の得意なことを伝えるなどすることによって、意思決定のできる人を探り当て、彼らと強くて揺るぎない関係を築くのだ。

こうした会話のやりとりの過程で、ビリーは決して堅苦しいセールスの売りこみをすることはない。実際には、たくさんのミーティングに出席しても、決してその製品のことには触れないでいる。この市場は独特だ。ビリーには、ことを起こすために必要なニュアンスの一つひとつがわかっている。そしてこの過程の長期的な展望を描いているのだ。

あとでビリーのことにもう一度触れるとして、ここでは、ビリーが駆使したテクニックについて少しばかり触れてみよう。それははるか古代ギリシャ時代のテクニックだ。キリスト生誕よりもおよそ400年以前、トーガと西洋の哲学が誕生した時代にあなたをお連れしよう。

歴史上最も偉大な思想家、アリストテレスが、哲学、数学とくに幾何学、そして生物学などの思索を著したのは、およそこのころのことだった。修辞学もアリストテレスだ。

修辞学とは何か？ という疑問があなたの頭をよぎっているかもしれない。

修辞学とは、説得の技術のことだ。高等教育の場であるリュケイオンで、アリストテレスは当時最大の問題を深く考え抜き、すばらしく〝シンプル〟（最重要秘密その1を参照）なプロセスを駆使することによって、知性面で優位に立ち、学生を自分の思考方法へと導こうとした。そのプロセスは、適切に応用されると、成功するための理想的な手法になるのだ。

修辞学は、アリストテレスによれば、3つのパートで構成されている。

エートス 自分への信頼を確立しよう（「だからわたしを信用したほうがいいのです」）。

ペーソス　あなたの話し相手の感情に訴えかけよう（「だからわたしが今から話そうとすることに興味をもったほうがいいのです」）。

ロゴス　話し相手を説得するために論理を駆使しよう（「これが、わたしの議論を支えてくれている事実なのです」）。

そうなると、どうすればこの方程式が、常識とは真逆の「まず、友だちをつくろう」に当てはまるのだろうか。方程式を現代化して、3つのパートを信頼、感情そして論理と表現を変えることによって、セールスに応用してみよう。ビリーは、アリストテレスのルールブック通りに関係構築の戦術を使って、クライアントを獲得している。それではビリーはどういう手を使っているのだろうか。

信頼　つながりをつくる（「友だちになろう」）。

ビリーが狙いを定めた買い手に初めて連絡をするとき、そのゴールはただひとつ。少しばかり相手のことを知り、そして相手に自分のことを知ってもらうことだ。思い出してほしい。ビリーのオフィスに入ってきて「あの超精密な医療機器を梱包して、わたしのクルマに積んでくれませんか？」などと言う人はひとりもいない。誰も、「あの機械を試験したいので拝借できませんか？」と尋ねても来ない。

売買の話を決めるまでに、ビリーは何度も話のやりとりを重ねることにしている。初めて話をする機会を活かして、出だしをそつなくこなすようにしている。ビリーの成功はすべてこのプロセスにかかっている。この最初の出会いのことをあいさつだと考えてみよう。それは、「やあ、調子はどう?」と言うだけで、その答は別に気にしない、といった類のものではなく、心から関心を寄せる類のあいさつだ。

ビリーは、自分が仕事をする相手のことをほんとうに知りたいと思っている。こんな風に訊く「あなたの経歴は? 学校はどこですか? 会社でのお仕事はいかがですか? ここでの最高の経験は何ですか?」じつは事前に、その答の多くを仕入れているのだ。というのも、ビリーが〝友だちになろう〟ミーティングに臨むときには、毎回必ず、会う予定の人が誰であっても事前にその人についての情報を可能な限り把握してしまっているからだ。リンクトインからグーグルに至るまで、業界紙誌から業界団体に至るまで、ビリーはシャーロック・ホームズ級の経歴調査を終えるようにしているのだ。

ビリーは証人に対して反対尋問をする敏腕の法廷弁護士のような振る舞いをする。法廷での経験則は〝まだ答のわかっていない質問はするな〟。そのゴールは、手に入る最大限の基礎情報を持ってミーティングに臨むことだ。そうすれば、思いがけない答が返ってきてとまどうことはない。強調しておきたいのは、この〝あなたのことが知りたい〟ミーティングはまさに信頼を構築する作業そのものだ。クライアントには、それは親しみのある型通りの会話のように思えるだろう。しかし、100万ドルプレーヤーのほうは準備を整えたうえで席に着いている。

ちなみに、このミーティングには買い手のいないことがあるかもしれない。ビリーには、小切手の主と初めて話をするところまでたどり着く前に、2、3の受付を通り抜けなければならないことがよくあるのだ。それでも、このプロセスはほとんど変わらない（受付については秘密その11秘書に好かれよう）。

感情　あなたが関係しているクライアントに、彼らの問題や要求を示してみる。もし、ビリーが運良く次のミーティングを設定してもらえたら――まず、そうなるだろう――そこを、自分もクライアントと同じ思いであり、患者の健康と幸福に大いに関心がある、と証明する場として活用している。ビリーの会社がつくっているロボット機器の買い手は、医師か病院の経営者かもしれない。しかし彼らの患者こそが、最終的にその機器の恩恵に浴する人たちなのだ。

だからビリーは、そうした人たちのことをすべて、可能な限り学びたいと思っている（実際にはすでに多くのことを知っているだろう。それは事前調査と業界で長年積み重ねてきた経験のおかげだ）。ビリーの戦略は、クライアントつまり医師や病院に〝あなたの要求に応えるために来ています。それが次にはあなたが患者の要求に応えるための力になるはずです〟と伝えることだ。

第2段階は、少し時間がかかることがあるかもしれない。うっかりすると、〝把握しています〟ミーティングが何回にも及ぶかもしれない。それでも大したことはない。それもこれもすべてこのプロセスの一部なのだ。すばらしい関係はたいてい、感情の上に築かれるものだ。だから、「把握しています」の段階は、どんなセールスのプロセスにおいても成否を分ける構成要素なのだ。人は感情に動かされて買う。そして理屈でもって、その買い物をよしと考える。2、300万ドルする科学機器を買うときでも同じことだ。

ビリーはまだこの段階でも、自分の売っているものについて詳しい話を持ち出していないので、念のため。

論理 あなたの製品を彼らの問題と関連づける（「これがあなたの要求に応える明快な解決策です」）。

ビリーが売っているものと同種の特殊な製品には、大量の説明が欠かせない。ビリーもこのことがわかっている。そこでこの第3の段階になって初めて、実際にさまざまな統計や仕様書を持ち出すことになる。ビリーはこれを「中身で勝負する」段階と呼んでいる。ここで、クライアント自身の要求やその患者について学習した知識のすべてを動員して、売っているマシンの驚異に結びつけるのだ。

ビリーはストーリーテリングを駆使して、その製品がいかに役に立つか、その証明をしてみせる。外科医の年齢を話題にすることによって、立ったままで手術をするといかに肉体的な負担が大きくなるかといった話をしたうえで、そのマシンを使えば、外科医は座ったままの姿勢を保て、疲労と潜在的な間違いの両方を減らせる、と語るのだ。さらに見こみのあるクライアントに対しては、そのマシンを導入済みの医師や病院に問い合わせをするよう薦めている。具体的には、「わたしのマーケティングの資料やカタログはご覧にならなくても結構、実際に使用している方から直接、このマシンがどれほど役に立つのか、お聞きになればと思います」と言うのだ。こうしてビリーは信頼を勝ち取る。クライアントの問題について学習し、それを把握したことを明らかにする。この段階で、問題解決のために論理を活用しているのだ。

ビリーの売買契約獲得率は驚異的だ。大手デパートチェーンのメーシーズでブレンダーを売っている人とはわけがちがう（わたしは、ブレンダーの大切さを軽んじているつもりはない。ブレンダーというマシンがなければ、マルガリータは生まれなかった。言いたいのは、ビリーは非常に賢くしかも自分の好みにこだわるごくごく一部の人たちに対して、地球上に存在する製品の中で最も特殊で高価なマシンを売っている、ということだ）。

ビリーは、常識とは真逆、そして人とのつながりで動く、そんな人間だ。古代アリストテレスの3つの部分から構成されるその戦略は、自分が売っているものに言及する前に、買い手と信頼し合える関係を構築すること、その一点に狙いを定めているものだ。

そうだ。これこそきわめるのが難しい戦略なのだ。人との関係を築く――自分の扱っている製品やサービスについて話をする前に、まず自分自身を売りこむ――ことには、気の遠くなるほどの自制が求められる。

メニューにある料理

ビリーの製品の販売周期は非常に長い。だから、この長期にわたるゲームの恩恵を受けている。自分の説得力にすぐれたセールス戦略を活用するための十分な時間がある。しかし、短期勝負の仕事でも、信頼、感情そして論理をよく考えて応用することによって、関係は構築できるものだ。わたしは最近、何人かのクライアントを非常に立派なレストランでのディナーに招いた。そこではウェイターが古代のアリストテレスのエートス＝信頼へのロードマップに従っていた。

わたしの招待客のひとりが尋ねた「今夜は何がお薦めかな？」そのウェイターは、毎日おこなわれているスタッフミーティングでその日のお薦め料理をすでに試食したと答えた。信頼を築いたのだ。そしてお薦めはサーモンだと言った。そのことばをそのまま紹介しよう「神様に差し上げたいほどです」。われわれの感情に訴えかけたのだ。最後にこう言った「メニューにのっている料理の中で最高の価値がありますよ」。論理だ。

これが結論か！　瞬く間に、ウェイターはわれわれ全員との間に実にささやかなつながりを構築した。そしてどうなったか？「三人ともサーモンにしますよ。よろしく」。

ウェイターの言う通りだった。サーモンは〝確かに〟おいしかった。

次に紹介するのは、ビリーの3部構成のプロセスをあなた自身の説得力戦略に応用する方法だ。

・〝信頼〟は人とのつながりを構築するところから始まる

クライアントと知り合いになるとき、それはその人についてのちょっとした経歴調査をする力となり、互いのやりとりを助けてくれる重要な情報の断片の発見につながる。この情報を整理する方法のひとつは、1枚の紙を半分に区切り、片側を〝個人〟に、もう一方を〝仕事〟に分類することだ。

見こみのある新たなクライアントのことを探るとき、わかったことを個人の欄（趣味、関心の対象、家族）か仕事（地位、製品の使用履歴、過去の製品との関係）の欄のどちらかに書き留めよう。この作業によって、最初に会ったときに話題にするとよいことがわかる。会話をこのようにして始めると、クライアントが思いのほか早く打ち解けるようになり、すぐに中身のある会話をして、人間的なつながりができあがっていくことに気がつくだろう。そうなるとあなたは、信頼を築く道筋を順調に歩いていることになるのだ。

・感情の核心は、あなたがクライアントの味方であるという姿勢を示すことだ

ここで、クライアントの立場になって考えてみよう。その2回目のミーティングには、クライアントから話を聞くよい機会だと考えて臨もう。その席ではひたすら、クライアントの問題が何かを探ることに集中する。あえてつけ加えれば、そこで製品の売りこみ文句を切り

出して、すぐさまクライアントの問題に答を出そうという衝動は、抑えこもう。

この席でのゴールは、単純だ。最初のミーティングで一生懸命取り組んだ個人的なつながりを、さらに強固にすることだ。不用意な売りこみは、その大切なつながりを壊してしまうかもしれない。なぜなら、その不用意な行動によって、あなたは実際には大して真剣に考えておらず、早く売上を上げたいだけではないかとクライアントに思わせてしまうからだ。

だから、そこでは売りこむのをやめ、クライアントに対して目下の課題についての説明を求めよう。自由に答えられる形式の質問を2、3してみる。たとえば「これについてはいかがですか？」「あなたの問題が実際のビジネスにどのような悪影響があるのですか？」「業界の市場についてはいかがですか？」。そして真剣に聞き出す作業を実行しよう（このテクニックについては秘密その8話すのをやめて、聞く、で紹介する）。

・論理の核心はクライアントの要求をかなえることにある。

そのゴールは、クライアントに、彼ら自身の問題を解決できるのはあなたの製品やサービスだと、判断してもらうことにある。それは簡単な作業ではない。それでもあなたはすでに、この3段階のプロセスの2段階目を終えてきているのだ。個人的にも仕事の面でもそのクライアントのことがよくわかっている。クライアントを招いてその要求の説明に耳を傾ける問題の見きわめ段階で、じっくり時間を使ってきた。

あなたは信頼を獲得した。何が問題かがわかっている。あなたの製品やサービスをその答えにするときになったのだ。

もし、あなたがブレンダーを売ることになったとしたらどうだろう。信頼・感情・論理モデルは、すべての販売の状況にうまく応用が利くとは限らない。このモデルが最も有効なのは、クライアントが思い切って信頼を寄せ、高額の小切手を書くことが必要なビッグビジネスの類だ。

たくさんのセールスパーソン、とくに新米の人たちは、リスクの少ない一回のやりとりですむビジネスに取り組んでいる。クライアントは一般的に、ブレンダーを買おうと〝考えながら〟ベストバイやデパートにいくことはない。ブレンダーそのものを買おうと出かける。これからの何週間、何か月間あるいは何年間、ブレンダーを買ったその販売担当者からまた別のキッチン用品を買うなどということはまずないだろう。

つまり、こうした売買には、親密なつながりの構築と同等のレベルは必要ない。しかし、もしたとえあなたがブレンダーの部署にいるとすれば、ビリーの取り組み方を見れば、キャリアを積み上げる能力についての本質的な理解が得られるはずだ。反対にあなたが、ビリーと同じように、複雑な製品や長期的なサービスを販売しているとすれば、アリストテレスの説得テクニックが現在でも立派に役に立つ。それを使えば、クライアントとの間で純粋な友情が育まれるだろう。クルマの販売はそんな友情のもとでの嬉しい産物に過ぎないのだ。

第2部

顧客とのつながりの秘密

100万ドルプレイヤーの流儀で顧客とつきあおう

秘密

その5

〝もう一段上〟を心がける

ゴードンが超超金持ちである理由はひとつ。ところでゴードンとは誰だっけ？　自分の携帯を15分間チェックしないとそわそわし始める、あの男のことだ。大手の金融サービス会社で、ある特定の債権を売っている。そのオフィスは米国はじめ世界中に展開されている。ゴードンは会社が抱える裕福きわまりない最上級のクライアントを常にハッピーにしている。というのも、そのクライアントがゴードンに抱く期待をわずかに上回る実績を毎年あげているからだ。

ゴードンは、自分のビジネスにはふたつの真実があると考えている。ひとつ目、自分の売っている製品は全くコントロールできない。ふたつ目、それとよく似た投資商品を競合他社がすぐにぶつけてくる。

ゴードンには、自分に抜群の成績をあげさせてくれているのが、自身のクライアントの扱い方であることがわかっている。

だから、12か月に一度、翌年のゴールを設定するとき、ゴードンはクライアントの体験を改善するための新しい手法をひとつ考える。クライアントの体験は、クライアントサービス、支援そしてセールスのプロがクライアントにもたらす特典の3つが組み合わされたものだ。これは扱っている製品やサービスとは別のものだ。セールスの世界には、自分の思い通りにならない要素が数多く存在している。たとえば、競争相手の動き、経済そして政治の動向などがそれにあたる。対照的に、クライアントの体験は、常に思い通りにできる対象のひとつなのだ。

たとえば、2、3年前にゴードンは、同社のごく限られた上得意客の一人ひとりに、ブルーとゴールド2色の特別な金属製カードを渡すというアイデアを思いついた。それはクレジットカードのような形状で、クライアントの名前と非公開の電話番号がきれいに刻まれていた。

もしあなたが、ゴードンの最上のクライアント25人から30人のうちのひとりであれば、その電話番号に、昼夜関係なくいつでも電話してよい。オペレーターが3回目のベルを鳴らさずに応答し、あなたが話したいと思っている同社の人物をすぐに探し出してつないでくれる。これがゴードンと会社を、他の競争相手に大きく差をつける存在にしてくれる考え抜かれた特典なのだ。

さらにいいことに、ほとんど四六時中電話をかけまくっているゴードンにはとくに、それはクライアントの体験における、実行に移すのが比較的簡単なシンプルな改善のひとつだった。

この戦略をわたしは〝一段階上に〟、略してOLA（One Level Above）と呼んでいる。それは一段階上昇するための力以外の何ものでもない。秘密その5の背後にある考え方は、クライアントの体験の一部分を、今の位置から一段階引き上げよう、ということだ。それは自分が差をつけるためにすべきことは何かという話ではない。もっとよい仕事ができるのは何かということだ。

OLAにある最も魅力的な特徴は、するべきことがはっきり見えていることだ。管理できるのだ。エネルギーの大半をつぎこんで実際の仕事に専念できる。なぜなら、クライアントの体験の一側面を、一歩ずつ、改善することに取り組むだけでよいからだ。

このことを考えてみよう。優秀なセールスパーソンはよく、終わりの見えないミーティングや眠くなるようなテレビ会議につかまることがある。さらに、電子メールの山に埋もれてしまうこともある。こうしたことはほとんどの場合、自分の最優先の仕事、つまり販売がおざなりになってしまう原因になるのだ。OLA戦略は、まさにこれとは正反対だ。この戦略では、決定的に重要な動きだけに的を絞りこむ。この作業の向いている方向は、とくに、あなた自身とクライアントサービスの両方に独自性を与える要素を拡大させる行動がもたらす、売上の〝増加〟だ。

少なくてもそれで十分、なとき

セールスパーソンは「もっと多く」という発想をするものだ。わたしは映画館に行ったとき、よくドクター・ペッパーのMサイズを注文する。すると売店のカウンターにいる人は、それより25セント高いジャンボサイズを薦めようとする。いや、結構、とお断りする、Mサイズで十分だから。「そうですか？　25セントぽっちなのに！」

もちろん、ジャンボサイズのほうが経済的なことはわかっている。ただ、ドクター・ペッパーで一杯になったバスタブ並みのカップには用がないだけの話だ。

ＯＬＡは〝もっと多く〟という意味だ、と無条件に決めてかかるのはやめよう。

ＯＬＡを実行に移す準備はできたかな。それに必要なのはたった3つのステップだ。

1　出発点を定める

すべての登山は、ベースキャンプから始まる。そこで登山者は、目の前にそびえる頂上に向かう前に、携帯する装備が適切かどうか、状況がどうなっているかといったことを確認する。ＯＬＡでは、あなたのクライアントの体験を今、ほんとうに理解することによって、出発点をどこにするのか見定める。そのためには、自分をクライアントの立場に置いてみなければならない。これは、この戦略全体の中でも、最も厳しく難しい部分だ。

まずは、静かに落ち着ける時間をつくり、クライアントの体験について自分が理解していることを書き出す。そして次のようなことを考えよう。新たな見こみのあるクライアントにどのように接触するか、最初に連絡したあとどのように次につないでいくか、そして取引が成立したところで、その取引がほんとうにうまくいったのかどうかをどのようにして確認するか、などを考える。節目節目で、どのようにクライアントを接遇するか？　ミーティング、ディナーそれともイベントをするのか？　報告書を書くのか？　そうした一連の動きは、どのように見えるのか？　あなたの昔からのクライアントの目には、その体験がどのように映るのか？　彼らは新たなクライアントと同じ水準の厚遇を受けているのか？

次に、自分のチームを集めて、同じ演習をさせてみる。意見を聞く。もしあなたがガッツのある人間なら、数人のクライアントに声をかけて、食事に招待する。食事をする目的はクライアントの体験を彼ら本人に語らせることだ。あなたはクライアントの自由な語り口に驚くことだろう。彼らがそのミーティングにはあなたの製品の売りこみは一切ないとわかっているときにはとくに(スーパースターがそのクライアントにいかにして自由に語らせるかを学ぶには、その6自分の〝好き〟の基盤を構築する、を参照)。

すべての調査が完了したところで、その情報をまとめよう。そうすれば、あなたとビジネスをするときのウソのない実像のすべてが見えてくるのだ。

2　OLAの考えのマスターリストをつくろう。

今こそ、考えの及ぶ限りの行動をひとつ残らず頭に描くときだ。そうした行動が、クライアントの体験のどんな部分でも、今の状態よりも一段階上に引き上げられる改善へとつながっていく（デザイナーやクリエータータイプの人たちの中には、ブレインストーミングのプロセスを〝観念形成〟という人もいる）。

クライアントの体験について学んできたことを考え、可能な行動を思い描こう。その行動は、効果的に活用されれば、そのクライアントの体験をさらに改善できるかもしれない。思いつく限りのアイデアを書き留めよう。プロセスのこのポイントでは、アイデアのないこと自体が悪いアイデアになる。確かに、アイデアの中には悪いものもあるだろう。しかし、とにかく書き留めることだ。

次に、自分の考えたアイデアをひとつに絞りこもう。（なぜ、たったひとつなのか？　その1シンプルにする、を参照）。最も重要な行動の項目をひとつだけ。クライアントの体験のひとつの側面を、現在の位置から一段階引き上げるための行動に絞るのだ。

ひとつのアイデアにまで絞りこむためには、自分の立場とそしてクライアントの立場の両方に同時に立ってみる必要があるだろう。「これによってクライアントをもっとハッピーにできるだろうか？」。

また「こうすれば自分のアピールにつながるだろうか？」と考えるのではなく、「われわれにそれができるのか？　予算の面でも実行可能なのか？」あるいは、「われわれには、それを現実にできる力があるのか？」と考えなければならない。

自分が思いついたアイデアをひとつにまで絞りこむ作業は、ほんとうに厳しい。感情的にあるアイデアに入れこんでしまうと、それをあきらめるのは辛い。たとえ、それが自分のゴール達成の役に立たないアイデアでも、だ。偏見とは無縁の観察者――外部のコンサルタントでも社内の違う部署に所属している頭のよい人でも構わない――なら、あなたに広い視野を与えられる。ここで強調したいのは、あなたはいつでも、翌年のＯＬＡのために、過去を振り返って、捨て去ったアイデアを再考することができる、ということだ。ヒントをもうひとつ。自分のアイデアを一度に数件ずつ切り捨てていくほうが簡単だ。もし強力なアイデアが10件あるとすれば、その数を5件にまで減らそう。次に5件を3件にし、そして3件から衝撃を与えるはずのアイデアひとつだけにする。

3　自分のアイデアを実行しよう

わたしがかかわったＯＬＡ戦略の数はわからない。爆発的な勢いで始まったのに時間が経つにつれて萎んでしまう、そんなＯＬＡ戦略にわたしは数えきれないほどかかわってきた。あなたはどのようにして、自分のクライアント体験の新種に命を吹きこみ、そしてそれを活かし続けるのか？　そのために、その推進に責任を持つ人をひとり指名する。

クリエイティブ・ベンチャーズでは、その指名された人のことを〝責任者〟と呼んでいる。

この責任者はOLAを実行に移すためのチームづくりをしながら、最終的な責任を負っているただひとりの人間だ。責任者にはOLAを実践する責任があるのだから、実際にもその地位に就いて仕事をしていることが重要だ。責任者は、最初にその戦略を考えついたチームの中から出すべきだ。その人は全責任を負ってOLAを遂行する権限が与えられなければならない。

わたしがこれまでにかかわったOLA戦略は、ほとんどすべて、責任を持ったただひとりの人間で達成されている。ひとつのアイデア。ひとりの人間。ひとつ上の段階。

スタヴロスは、ゴードン同様、OLAの専門家だ。スタヴロスは国際的な保険会社の大きな地域支店でセールスリーダーを務めている。毎年秋になると、翌年の販売計画の策定に着手する。その作業は常に新しいOLAを考えるところから始まる。スタヴロスのOLAは常に、会社がそのセールスパーソンに対して設定するさまざまな要求の上をいっている。

スタヴロスが気に入っている改善すべき対象の領域に、接触するところがある。〝接触するところ〟とは、クライアントがあなたやあなたのチームと連絡を取るための可能な限りの方法、という意味だ。接触するところという概念は、セールスの世界で非常に重要だ。というのも、それはビジネスが始まるところであり、同時に新たなクライアントがセールスパーソンに対する第一印象を持つところでもあるからだ。だから、スタヴロスは長い時間をかけてこの領域をいかに改善しようかと考える。

接触するところのひとつは、もちろん、電話だ。スタヴロスの地域オフィスは忙しく、非常にたくさんの電話がかかってくる。そこである年、クライアントの電話体験を改善することに徹底して集中しようと決めた。スタヴロスが知りたかったのは、「電話で話すときのクライアントの体験とはどんなものか？　どれほどの頻度で、かかってきた電話が留守電応答になってしまっているのか？　電話をかけてきたクライアントが生身の人間と話ができる頻度はどれくらいあるのか？」。

これらの質問に対する回答を検討し終えると、スタヴロスはチームと一緒に、ひとつのOLAを取り上げることにした。それを〝ベル3回〟と呼ぶことにする。つまりこれは、電話をかけてきた人が3コール以上する前に、必ず受話器をとるという意味だ。

スタヴロスのチームに属している6人全員が、電話に応答する責任を負わされた。現場の営業担当や受付係だけでなく、全員だ。もしあなたがかかってきた電話の質問に対する答がわからないとき、あるいは、電話の主があなた以外の人と話したいと言う場合には、昔ながらの方法で伝言メモを残そう、つまり、相手の話を書き留めて、目当ての人のところに持っていく。もし仲間の留守電につなごうと考えたとしても、そうしてもよいのは、電話の主の了解を得た場合だけに限られる。

この3コールの手順が仕事の標準になるまでにほぼ2か月かかった。簡単ではなかった。しかしそれが取り組んでいたただひとつのOLAだった。そして、これがクライアント体験を劇的に変えていた。事実、クライアントは、この3コールこそスタヴロスとビジネスをしているとき、最も気に入っていることだと、判で押したように話題にするのだ。ひとつのOLAが会社のDNAの一部になったら、そのとき初めて次のOLAの実践に移っていける。OLAは着実にそして継続的に活用しなければならない。実行は非常に難しい。だからこそ、与えられた時間の中で実行に移されるOLAはひとつに絞るのだ。

OLAのほんとうの要点は、さまざまな行動計画を次々に加えるだけ加え、結局はろくに実行されずに終わり、また忘れ去られてよしとする、そんな戦略とは縁を切り、クライアントの体験に本質的な違いをつくり出せるただひとつの決定的に重要な行動に集中することだ。そうなると、あなたは自分のOLAを完遂したあと、一年の終わりには何をすればよいのか？　新たなOLAに移るのだ（ステップ2であなたがはずしたこれらのアイデアをおぼえているだろうか？）。

わたしはこれを〝水平線モデル〟と呼んでいる。あなたにはおそらくこんな経験があるだろう。水平線に向かってひたすら進んでいっても、決して水平線にはたどり着かない。OLAの場合、これはよいことだ。クライアント体験を改善しようとするあなたの絶え間ない探求は、決して、――文字通り〝決して〟という意味だ――完成の域には到達しない。

皮肉なことに、水平線モデルにはときに、過去のOLAを排除する作業が含まれることがある。ピーターとジュアン、ふたりのセールスパーソンはアメリカ最大の金融会社の一社で役員になり、例年のＯＬＡを計画するプロセスの一環として、過去に蓄積されたＯＬＡを捨て去る作業を定期的におこなっている。

あなたはこんな疑問を持つかもしれない。

「なぜ、ふたりの男は彼らのクライアントから、クライアント体験の改善を成功させたものを奪い取ってしまうのか？」

そのわけはこうだ。もしあなたが毎年、新しいＯＬＡをひとつ選んで実践しようとすると、ときと共にＯＬＡは蓄積されていくことになる。もし取り組むＯＬＡが多くなりすぎると、しだいにそれらが非生産的な存在となり、貴重な時間とエネルギーをこれでもかと奪い取るようになる。そこで毎年、ピーターとジュアンは彼らの大組織の中で相も変わらず取り組まれているＯＬＡのプログラムをすべてリストアップし、それらを考えられる価値の順番に並べるのだ。その根拠にしているのはマーケットの状況やクライアントの嗜好面で実際に起きた数々の変化だ。

ふたりが気をつけているのは、ＯＬＡの恩恵を評価しているクライアントが何人いるのか、そしてその数が時間の経過と共に増えているのか減っているのか、という点だ。ピーターとジュアンがＯＬＡのリストの一番下まで目を通し終わるころには、少なくとも、２、３のＯＬＡプログラムについて、スタッフの時間と努力にはもはや値しないと判断する。

最近中止になったＯＬＡの一件は、このふたりがかつてクライアントのために組み上げたキャリアコーチのサービスだった。彼らがこのプログラムを始めたとき、このサービスには人気があり、うまくいっていた。しかし、長年の間に、かつての輝きがなくなっていたのだ。ほんの一握りのクライアントだけが、それでもこのサービスを受けていた。段階的に廃止するときが来ていた。

ピーターとジュアンがすっかり忘れてしまっているOLAがリストに見つかるときもある。もしOLAを思い出せなければ、それもまたよいサインだ。つまり、それはもう独特で活き活きとしたクライアント体験にとって少しも重要ではない、だから、そのまま放っておけばよいということだ。古いものを排除することによって、新しい改善策のための道をあけることができる。その新しい改善策は、クライアントを絶えず驚嘆し続けるような状態するだけでなく、〝あなた〟が100万ドルの高みに到達するための力を貸してくれるのだ。

もしあひるのように鳴いたら

「わたしたちの仕事はセールスではありません。クライアントの獲得です」建築会社の人たちはわたしにこう言った。なるほど。もしそう呼びたいというならその通りだ。

この会社はわたしがコンサルタントを務めている一流企業ではあっても、21の秘密にまつわる調査の対象からはずれていた。彼らはセールスをしているという認識がないにもかかわらず、力を貸してほしいと頼んできた。つまり、既存のクライアントをがっちりと掴みながら同時に新しいクライアントを獲得する方法を一緒に考えてほしいというのだ。

わたしは彼らもOLA戦略の恩恵を受けられると思った。だから、彼らが「セールスはしていない」としても、わたしはOLAを薦めたのだ。するとさっそく、学校や競技場のような巨大プロジェクト専門のこの大企業のあらゆる部署が、独自のOLA探求に乗り出した。各部署は、極端に競争の激しいマーケットでも、この企業全体の利益を押し上げるために何ができるのか、検討していた。

その結果彼らが実践したOLAは、クライアントブックと名づけられたものだ。最近、プロジェクトが一件完成すると、彼らは個々のクライアントに対して、そのプロジェクトのストーリー、つまり起工式から竣工式までをストーリーとしてまとめたカラー写真のアルバムを進呈している。これがクライアントブックだ。すばらしい記念品であり記録であることは別にしても、このアルバムは、プロジェクトが完成した後いつまでも、印象の強い映像の思い出になる。クライアントブックのおかげで、この会社はクライアントがいの一番に思い出してくれる存在になるのだ。

このストーリーはふたつのことを教えてくれている。ひとつ、自分の仕事のことを〝クライアントの獲得〟と呼ぼうがなんと呼ぼうが、とにかくあなた自身がビジネスに携わっているなら、それは実際にセールスのビジネスに携わっているということになる。〝あらゆる〟

ビジネスはそれ自体を売りこまなければならない。ふたつ目、ＯＬＡはセールス部門だけのものではない。それは、どんな分野でも通用する戦略になっている。

秘密

その6

自分の〝好き〟の基盤を構築する

会場を埋めつくしたフィナンシャルアドバイザーを前にした講演を終えると、わたしはもうひとりのセールスのスーパースターにインタビューするため、そのオーランドのコンベンションセンターをあとにしようとしていた。建物から一歩出たところで、あの有名なフロリダの熱気と湿気に襲われた。メキシコ湾の空気を吸いこんでいるような気分だった。あっという間に、汗びっしょりになっていた。

クルマで30分ほど走って、ある大きなポルシェの販売店に着く。熱気と湿気にげんなりしていたわたしの様子とは対照的に、駐車場に在庫してあるクルマには、どの一台をとってもフロリダの気候による傷みやくたびれが見られなかった。そんな劣悪な気象条件のもとに置いておかれていても、どのクルマも今工場から出てきたような美しさだった。

中に入ってみる。ショールームは空調が効き、シミひとつないきれいな空間だった。まるで宇宙探査船〝エンタープライズ〟のブリッジのようで、彫刻と見紛うばかりのクルマが所狭しと並んでいた。この特別な販売店は、ポルシェのスーパーストアと表現するほかない。

どれも夢のようなクルマばかりだった。

セールスパーソンがわたしに話しかけてきた「美しいですよね？」。

「確かに」とわたしは答えた。

「中でも最高のものがお分かりになりますか？」と続けてこう言った。「匂いですよ」。わたしは全く気にしていなかった。しかしその通りだった。つまり、ショールーム全体に新車の匂いがただよっていた。それでも、一流の稼ぎ頭についての調査活動のこうした現場で、わたしは初めて出合ったセールスパーソンの一挙手一投足をほぼ余さず観察することにしていた。だからそのとき、気がついたのは、「いらっしゃいませ」や「お目当てのクルマはございますか」といった声をかけられなかったことだ。あったのは、親しげな二言三言だった。

「スティーブさんですよね」とこのセールスパーソンは言った。それはわたしがジェフを探していると言ったときの反応だった。ジェフは、事前に、わたしが立ち寄るはずだと話していた、と言って、わたしを会議室に案内してくれた。「ちょうど〝好き〟ミーティングが終わったところですよ」。

〝好き〟ミーティング。それまでにわたしはこのことばを聞いたことがなかった。とはいえ、確かに、このコンセプトのことは他のインタビューの経験から気がついていた。待てよ、〝これはひとつのひな型になるかもしれない〟と思った。そして確かにそうなった。案内された会議室では、ジェフとそのセールスチームの3人がミーティングのまとめをしているところだった。ホワイトボードには、次のようなことばが書かれていた。

十分すぎるほどの知識

重圧からの解放

購入から整備担当へ一直線

購入後のフォローアップ

おだやかな対応

わたしはすぐに気がついた。あなたもまた同じだろう。つまりこれらはみな、販売店のクライアントが語っていた、購入体験をするときに気に入ったことではないか。

このミーティングが終わると、ふたりでジェフのオフィスにいった（多くの販売店の場合、セールスパーソンは仕切りのあるデスクで仕事をしている。しかしこのポルシェランドでは、十分に什器が整ったプライベート空間が与えられている）。

初めてインタビューの対象者に会うとき、普段、わたしの方から冒頭に、調査や「これについて話してください」式質問などについての目的を説明することにしている。ところがこのときは、すぐに本題に入り、われわれが目にした会議室の様子についてたずねた。というのも、あのホワイトボードを見て、わたしは明々白々な事実に気がついたからだ。つまり、

人は、自分の気に入っている相手とビジネスをするのが好きだ

当たり前だ。違うだろうか？　しかし、まさにこれが基本であるからこそ、このささやか

な真実もまた、セールスの成功にとって、誰が何と言おうと、決定的に重要なのだ。その理由はふたつある。

ひとつ目の理由。この反対の表現を考えてみよう。つまり、人は面倒でも、気にいらない人とのビジネスを避けるものだ。もし、レストランでひどいサービスを受けたら、わざわざもう一度行こうとは思わない。もし先々、誰かがそのレストランがお薦めだと言ってくれても、おそらくこう答えるだろう「二度と行くつもりはない。嫌いだから」。

ふたつ目の理由。次のことを考えてみよう、つまり、セールスパーソンの大半は、競争相手の会社の人も含め、彼らのクライアントが実際に彼らの何が気に入っているのかを考えるために、ほとんど時間を使ってはいないのだ。

だから、もし、クライアントにあなた自身のことを考えてもらう方法がひとつだけあるとすれば、頭に思い浮かぶことばは、〝好き〟だ(これは昔ながらのセールスの智恵とは真逆の発想だ。信頼に値する人間であることが好かれる存在であることよりも重要だと口にした人は、ひとりだけではない。あるクライアントがこんなことを言うのを聞いたことは？　つまり、「スティーブのことなら、わたしは信頼している。でも、ちっとも好きじゃないね」。こんな経験はあり得ない。〝好き〟は〝信頼〟へとつながっている。その逆の方向はない)。

明々白々の真実

たいていの人は、わかりきったような提言など、相手にしないものだ。われわれは、「誰もがわかっている」場合、大した影響はないと考えてしまう。ところが、そうしたわかりきった真実の重要さに気がつくと、自分自身を責めてこんな疑問を抱く「どうしてそのことを考えなかったんだろう?」。

わたしはこれを明々白々の真実と呼んでいる。

人類が物を運ぶための車輪を発明するのに5000年かかった。今では空港に車輪のないバッグを持って行こうとは思わない。また、ケチャップのボトルを逆さまに置けるようデザインを変更したのはつい最近のことだ。おかげで、ケチャップを出そうとして、新生児のお尻よろしくボトルの底を叩く必要がなくなった。当たり前だ。このふたつの閃きは、すぐれた工夫も文字通りわかりきったことの応用に過ぎないことを証明してくれている。

本書で紹介している提言の中には、わかりきったものがいくつかある。とはいえ、100万ドルプレーヤーとそれ以外の人たちの間には次のような違いがある。クライアントは自分のつき合っているセールスパーソンが好きだということ、これが重要であることは誰でもわかっている。ただし、スーパースターのほうは、ただ単にそれがわかっているだけではないのだ。クライアントに好きになってもらうための努力を重ねているのだ。

そこで、ジェフの話に戻そう。ジェフは世界的にも最大かつ収益の高いポルシェの販売店のトップ・セールスパーソンだ。この〝好き〟ミーティングは、実際に、この販売店のセールス部隊全員が参加する定例的な会議だった。彼らは少人数のグループで集まって、彼らから高級車を買うとき、クライアントはどんなことを喜んでいるのか、細かく検討している。

情報の一部は、クライアント調査から選び出すものだ。セールスパーソン本人からの情報もある。(彼らは全員、クライアントとのやりとりにまつわる販売日誌や観察記録を欠かさないよう求められている)。この〝好き〟ミーティングには、ある目的が与えられている。つまり、販売店は、クライアントをハッピーにできる彼らの振る舞いや行動を、そのまま誰でもできるようにしたいと考えているのだ。

ジェフの場合、販売店のトップ・セールスパーソンとしての立場は、〝好き〟に対する超レーザー光線なみの集中の賜物だ。〝好き〟が大切にされている組織の内部で、ジェフはセールス調査の一つひとつを勉強し、日誌に綿密な記録を残している。さらに、仲間がクライアントとうまくいった事例、そして逃してしまったチャンスなどについて話し合っている場では、真剣に耳を傾けるのだ。

〝好き〟とは、すなわち感情のことだ。そこには理性的なことは何も存在しない。実際に、人は自分が何かを好きになる理由がわかっていないことがよくあるのだ。なぜ、パイナップル・アップサイドダウン・ケーキが好きなのか？　なぜ、デスペラードという歌が好きなのか？　誰にもわからない。わかるのは本人だけ。

セールスの世界では、"好き"とはクライアントの感情のことだ。とくにその核心は、い

かに〝あなた〟が彼らに〝感じ〟させるのか、その方法にある。彼らはあなたとビジネスをしたあともハッピーか？　安心して任せられると感じているか？　あなたが好ましい人物だと思っているか？　もしあなたがオーケストラの指揮者よろしくこうした感情を巧みに盛り上げているとすれば、あなたは、〝好き〟のマエストロ＝名指揮者だ。

これは、クライアントリストをつくるためにはきわめて重要だ。なぜなら、〝好き〟はクライアントが抱く感情的なつながりに働きかけるからだ。つながりとはつまり、クライアントが買ったばかりの製品やサービスと、その購入を薦めてくれた人物、つまりあなた、との間のつながりのことだ。

すでに議論したように、クライアントは普通、感情にほだされて買う、そしてそのあとで、論理、道理そして思慮による埋め合わせをすることで、その買ったという決断を正当化するものだ。この正当化もまた、しばしば有効に働く。これが働かないのは、あなたが靴マニアで、14足も赤い靴を買い続けているというときだ。あるいはまた、ゴルフ好きなら、その小さなボールをまっすぐに飛ばせると信じる新しい道具のことばかり考えているときだ）。

好きのほんとうの力とはこういうことだ。つまり、条件が同等でないときでさえ、たとえば競争相手の製品やサービスに少しばかり有利な値づけやよりよい特長があるときでさえ、

クライアントは自分の好きなセールスパーソンに戻ってくるものだ。クライアントはお互いの利益につながりそして満足感の味わえる購入体験を追い求めている。あなたが好きだというとき、クライアントはこの体験を実際に味わうのだ。

次のことを考えてみよう。クライアントがあなたの好きなところを発見する、そしてそれ以上のことをする……つまり買ってくれる、よりもすぐれたセールス戦略があるだろうか？ジェフのミーティングでホワイトボードに書かれた項目をもっと詳しく見てみよう。ジェフは、満足しているクライアントからのコメントをどのように活かしたのだろうか？

・〝十分すぎるほどの知識〟

すべてのクライアントは賢いセールスのプロが好きだ。とはいえ、ジェフの世界では、専門性が超重要だ。ポルシェのドライバーは彼らのクルマに対して情熱を持っているため、その愛情を理解できない人を相手にビジネスをすることなど想像できない。

ポルシェに対するジェフの愛はわかりやすい。どのモデルのどんな仕様も、馬力からシートのステッチに至るまですべて即座に説明できる。すでに展示のフロアから消えてしまった古いモデルについての知識についても同じだ。古いモデルも重要なのだ、なぜなら、ひいきにしてくれているクライアントの中には、古いモデルを下取りにして新車を買おうとしている人がたくさんいるからだ。

・〝重圧からの解放〟

買いたいと思っている人は、押しつけがましいセールスパーソンが嫌いだ。その意味で、ジェフは少しばかり幸運だ。なぜなら、その販売店がセールスチームに対して、クライアントに押しつけがましい姿勢をとることを明確に禁止しているからだ。実際に、彼らは、見こみのありそうな買い手にいきなり声をかけないよう心がけるトレーニングを受けている。声をかけるときには、わたしが最初に学んだように、彼らは気さくなことばだけをかけるようにしている。

・〝購入から整備担当へ一直線〟

高級車の購入者は担当のセールスのプロと関係を築くにしても、何年もたつうちには、整備の担当者と〝ほんとうの〟つながりを構築するものだ。ジェフにとってはこれでよい。その多くのひいき客が何度もクルマを買い換えてくれるのは、このカギとなる戦略があるからだ。つまり、成約するとその足で、ジェフは新しいオーナーを販売店の整備部門に案内し、その人専任の整備担当者を紹介する。

それはクライアントがほれこむすばらしい対応だ。そしてまた、このクライアントに対する先々のセールスにとって非常に重要だ。クルマを買った後は、そのセールスパーソン本人に会うことはない。あなたが関係を構築する相手は、整備担当の人だ。ジェフは、そうした関係はクライアントが満足してくれるものだという確信を得たいのだ。なぜなら、数年の間に、新しいクルマを買うときになったら、そのクライアントが間違いなく自分の店から買ってくれる、その力になるからだ。

・〝購入後のフォローアップ〟

高級車の購入者は、所有している製品との関係を築いている。そしてもしあなたが、その車を薦めた人だとしたら、彼らはその関係をあなたにまで広げてくれる。ただし、そのためには、常に、上手にそして節度を持って彼らと接していなければならない。

〝まさにジェフ〟の接遇ぶりのひとつを紹介しよう。毎回必ず、納入する新車と一緒にクライアントの写真を撮り、それを販売店のロゴが入った小さなフレームに入れて送る。すばらしい対応だ。その後、ポルシェがレースで勝つたびに、優勝したマシンの写真をクライアントに送るようにしている。しかも、フォトショップ(アドビの写真編集加工ソフトウェア)で加工して、クライアントがドライバーであるかのような絵にするのだ。

・〝おだやかな対応〟

これこそ、製品と直接に結びつけない、文句なしに大切なクライアントとの接し方だ。ジェフは自分のクライアントに手書きの〝ありがとう〟箋、誕生日カードそして季節の贈り物を届けている。そのうえ、クライアントについての知識も豊富だ。〝実に豊富〟だ。長年ひいきにしてくれているクライアントのひとりに、フロリダ大学の卒業生がいる。大学のフットボールチーム、ゲイターズの熱狂的なファンでもある。ジェフ自身もこの大学の卒業生で、母校フロリダ大学からグーグル提供のスポーツニュースを定期的に手に入れ、それをこの男性に送っている。

ほんとうに好かれよう

クライアントがあなたを好きになってくれる肝心な資質にはどんなものがあるのだろうか？　われわれの調査では、常にいくつかよく似た答が返ってきていた。それらを紹介しよう。

〝友だちのように親しく接する〟　わたしが住んでいるテキサスの小さな町のUPSにいるマネジャーのひとりが、おそらく、わたしがこれまで出会った人の中で最も打ち解けない人間だろう。この男性は決して笑顔を見せないし、目を合わそうともしない、口をきこうともしない。このUPSの店で働いているほんとうに気持ちのよい人たちと比較すると、ハムスターの群れにいるゾウのように目立った存在だ。わたしはできるだけこの人を避けるようにしている。

〝注意深さ〟　ジェフはそのクライアントがゲイターズのファンであることを、注意深く観察したおかげで理解した。あなたも、クライアントがさまざまなことを話しているときに、よく聞きそして憶えるようにしたほうがよい（人の名刺のすぐれた活用法をひとつ。名刺を手渡されたら、そのウラに、相手についての情報を簡単にメモしておくとよい）。

〝相手の気持ちになれる〟 あなたはどれほど感受性が強いか？ 自分の製品やサービスを、クライアントの視点から見つめられるか？ ジェフは、ボルシェを自由にドライブしたいというクライアントの見果てぬ夢に完全に寄り添い、それを自分の話の中で伝えるのだ。

〝ウソがない〟 あなたは公正で、正直でそして誠実か？ 最重要秘密その1で紹介したジョアンが、わたしの着るものを一緒に買いに行ってくれたあのアウトドア用品の店L.L.ビーンでは、セールスパーソンは誰でもいつでも「お客様がお探しになっているような靴をわたしどもでは取り扱っておりません。けれども、それが見つかりそうなお店は……」と言って、それがクライアントへの助け船になる場合には競争相手の紹介までしている。これこそがウソのない姿勢だ（ウソのない姿勢については、秘密20本物のふりはできない、を参照）。

ジェフを引き合いに出して、わたしはあなたに社内の〝好き〟ミーティングとは何かを紹介してきた。次に、社内ではなく社外の〝好き〟ミーティングを考えてみよう。

キャスリーン――友だちはみな〝キャット〟と呼ぶ（誰もがキャットの友だちのようだ）――は製薬の仕事に携わっており、心臓病の薬を販売している。急成長している分野だ。インディアナポリスの住人で、わたしが今までに聞いた中でも最高の部類に入るクライアントとの関係を築いている。キャットがクライアントに接するのと同じような姿勢でそのクライアントもキャットに接している。

クライアントから気楽に電話がかかってくることもある。クライアントのほうからランチに誘い、勘定も払う。キャットが自分の交際費で落とせると言ってもそうするのだ。なんと実際に、クライアントは誕生日のお祝いカードを送ってくる。キャットはまた、あるクライアントのボウリングチームでプレーしている。基本的に、クライアントはキャットが大好きなのだ。

これは成りゆきまかせの幸運なのだろうか？　もう一度考えてみよう。これはキャットの〝好き〟戦略の賜物なのだ。

キャットは、クライアントをハッピーにするもののデータを大量に集めている。時には簡単なオンライン調査を自分でつくり、そこに「ご自分は大切にされているとお感じになっていますか？」といった質問を入れて、クライアントに送っている。もっとすごいのは、クライアントもまた、キャットが〝直接本人の口から〟集会と呼んでいる場で、個人的にこうした話をすることだ。

キャットのイベントは、セールスの現場で見られる一般的なクライアントの集まりとはちょっと違っている。それは小規模で肩肘張らない気楽なものだ。いつも決まって食事が出て、何らかの楽しい出し物がある。しかも必ず1時間以内に終わる（食事、楽しさ、そしてごく短時間のやりとりが、この手法にとって決定的に重要だ）。売りこみ文句なし、製品の説明なし、そしてお金の話もなし。その場で取り上げられる話題はただひとつ。キャットはクライアントにこんな質問をしたいのだ「わたしのビジネスに取り組む姿勢をどのようにお考えですか？」。

こうした集まりには、人気のある地元のパン屋からおいしいドーナツを取り寄せた朝食ミーティングというものもあった。キャットはそのドーナツ職人を招いて、それぞれの特徴的な味を活かす独創的な製法について簡単に説明してもらう。そこには、メープル・ベーコン・ドーナツ、キャップン・クランチ・ドーナツそしてハッシュブラウン・ドーナツまであった。ドーナツの説明に割り当てられた時間は15分。そのあと、大事な本題に話を移していく。

キャット自身が主催するミーティングで、冒頭に投げかける質問は「いかがですか？」だ。そして本人のセールスプロセスのさまざまな部分について聞き出そうとする構成になっている。キャットがとくに知りたがっているのは、とくに電話をかける頻度か売りこみ文句の複雑さのどちらかになる。個々のミーティングに違うクライアントを招いて、彼らのコメントをすべて記録する。情報が豊富なミーティングの成果のひとつに、新製品を紹介する手法を変えたということがある。クライアントが言うには、そのプレゼンテーションのスタイルが気に入ってはいても、その内容に圧倒されることもあるというのだ。

そこで、売りこみの文句を変えて、〝シンプル〟にした。

その考え方はこうだ。あなたのクライアントは、もし訊かれれば、喜んであなたの知りたいことを教えてくれるだろう。そしてもし、あなたの尋ねる姿勢が創造的で楽しいなら、彼らは何度でも繰り返し話してくれるだろう。

あなたはわたしがまだ〝好き〟の裏側、つまり〝嫌い〟にまで踏みこんでいないことに気がついているかもしれない。そこで、キャットの集会の興味深い側面を紹介する。それは、「わたしとビジネスをしているときの何が気に入りませんか?」といった間の抜けた質問を一切する必要がない、という側面だ。〝好き〟の質問をすると、当然、それなりの嫌みを返されることもあるだろう。たとえば、「わたしのプレゼンテーションのスタイルでどのあたりがお好きですか」と尋ねると、誰かが、「読んでほしいと言って渡される資料はどれもこれも気に入らない」と答えるかもしれない。

それを〝好き〟の質問に変えられないか? 次のプレゼンテーションをする前に、その全部の資料にあたって、内容を徹底的に煮詰めよう。そしてクライアントにこう伝える「もしお望みなら、詳しい資料や背景の資料はすべてお渡しできます。しかし、もしその必要がないなら、この1ページにまとめた資料をご覧ください」。どうだ! これで〝嫌い〟を〝好き〟に変えられた。それも後ろ向きの質問をすることもなく。

調査、販売日誌、ミーティング――あなたの〝好き〟の基盤づくりには、仕事が山積しているようだ。しかし、もし、真剣に考えるなら、この基本的な真実、つまり人は自分が好きな相手とビジネスをする、という真実にうまく乗ることによって、100万ドルクラブ入りが現実になるかもしれない。そうなりたくはないか?

秘密

その7

見ればわかるようにする

1964年、アメリカの連邦最高裁判所に「ポルノとは何か?」という風変わりな争点の訴訟が持ち込まれた。

オハイオ州のある裁判所で、〝わいせつな〟映画を上映したとして、映画館のオーナーに罰金刑の判決が下されていた。それはフランスの芸術的な映画『恋人たち』だった。映画館のオーナーは上訴、結局、最上級裁判所にまで持ちこまれることになる。審理の際、このきわどい映画を見た最高裁判所の判事のひとり、ポッター・スチュワートがこう言った「見ればわかる」。これがハードコア・ポルノの定義になり、今では有名になっている。(スチュワートが審理の中でこの映画はポルノでは〝ない〟と見なしたことから、映画館のオーナーの勝訴となったのだ)。

ゾウのテスト

ビジネス、法律をはじめ、職業の世界では、「説明するのは難しい、しかし見ればわかる」という思考は、ゾウのテストと呼ばれるときもある。このことばの起源はたぶん、昔から伝わっているたとえ話だろう。具体的には、暗室に入れられた人たちがゾウの特定の部分を触った感触だけを頼りに、ゾウがどんな動物なのかを表現するという話だ。

ある男は尻尾の部分を触って、ゾウとはロープのようだと表現、また別の人はこの動物の横腹を触って、ゾウは壁だと言う、などなど。誰も全体像を見られないのだから、ゾウについての各個人の理解には限界があり、結果的に不正確な表現になってしまうのだ。

ときには、クライアントに理解させようとするものを、ことばで説明するよりも、そのまま〝見せる〟ほうが簡単な場合がある。形のはっきりしないもの、つまりクルマや住宅とは違って、アイデアやサービスといったものを売ろうとするときには、とくにそうだ。こうした場合には、小道具や写真のような目に見えるものが、クライアントに伝えたいポイントをすばやくクライアントに理解させるための役に立つ。

〝見せること〟の思いから、わたしがインタビューした3人の人物に、わたしの言いたいことを説明してもらうことにする。

まず最初はライアンだ。セールスのプレゼンテーションをまるで舞台の演技のようにおこなうショーマンの大家。ライアンは投資商品の卸売チームを仕切っている。このチームの面々は、仲介者として、投資商品を選んでクライアントに販売しているフィナンシャルアドバイザーの力になっている。

ライアンは視覚に訴える方法で投資について説明するのを非常に得意にしている。そのおかげで、さまざまな業界のカンファレンスに出向いて、多数の聴衆を前にプレゼンテーションをしてほしいという依頼が絶えず舞いこんでいる。これはライアン本人にとってすばらしいことだ。結果的に、投資の専門家として表舞台に出れば出るほど、ますますビジネスの案件が増えるのだから。抽象的なコンセプトをよりわかりやすくしながら、面白いショウを展開するのがライアンの仕事の基本になっている。

背が高く自信満々の並外れた舞台度胸の持ち主であっても、それでライアン本人が困ることはない。だからその容姿や個性はあくまでプレゼンテーションの脇役であり、主役にしているのは聴衆を惹きつける小道具の数々なのだ。

たとえば、もし金融市場の予見不可能性を説明しようとするとき、ライアンは小さなグライダーを取り出す。誰もが子どものときに遊んだ99パーセントバルサ材でつくられた玩具で、それをステージから聴衆に向かって飛ばす。聴衆は、目に見えない会場の空気の流れに影響を受けて、予測できない宙返りや旋回を繰り返すグライダーを目の当たりにして、すぐにライアンが言おうとしていることを理解する。

ライアンはまた、マーケティング部門が用意した会社のパワーポイントのプレゼンテーションに、自分でいくつかの興味深い視覚的な情報を巧みにもぐりこませるのだ。そもそも、金融業界のパワーポイントの退屈さは、折り紙つきと言ってよい。なぜなら、金融会社の社内コンプライアンス部門は必ず事前に、パワーポイントのスライドをチェックし、業界の規定に間違いなくおさまる内容にしているからだ。

ライアンの会社のコンプライアンス監査部門で働いているのは優秀な人たちばかりだ。というのも、調子に乗りすぎて、ゴールドを生んでくれるユニコーンに投資すればよいと自分のクライアントに薦め始める者が、会社の仲介人の中からひとりも出ないようにしているからだ（ちょっとばかり大げさか。しかしこの考えは理解してもらえると思う）。この意図は立派だ。しかし、この過剰なまでに注意深い監査作業の結果、どれもこれも代わり映えのしない味気ないプレゼンテーションになってしまう。会社を法律的なトラブルからは守ってはくれる。しかし同時に、それを見ているクライアントをとても退屈させるような内容にしてしまうのだ。数字やグラフや図ばかりのスライドを次から次に見せられているとき、目が疲れてかすんでしまうのを防ぐのは難しい。

ここだけの話。ライアンは何枚かの写真をもぐりこませて、こうしたパワーポイントをカスタマイズする有名人になっている。何ひとつ危険すぎるものはない。コンプライアンス部門を混乱させるようなものは、ない。そこここにさりげなく写真を差し込めば、それが数々のアイデアに命を吹きこむための力になる。たとえばもし、ライアンが将来の話をすれば、日の出の写真を入れるだろう。ＯＫ。これは大した話ではないように聞こえるかもしれない。しかし、ジャムもバターも塗っていない味気ないトースト並みに興奮させられるプレゼンテーションでは、何か美しいものや面白いものをちらっと見せられるだけで、大いに気持ちが高揚してしまうものなのだ。

パワーポイントを使う人たち

スライドショーを終えて、あなたが聴衆とやりとりをし始めると、いきなりたくさんの人たちが否定的な意見をぶつけてくる。それと言うのも、誰もが今見せられた恐ろしいスライドショーに辟易してしまっているからだ。お粗末なパワーポイントは、退屈以外の何ものでもない。(仕事の現場で、わたしは何百もの文字通り悲惨なパワーポイントを見てきている。ほんとうだ)。しかし、ちょっと待て！　パワーポイント、キーノートなどスライドショーのソフトウェアはどれであっても、それらは道具だ。それもわかりやすく、シンプルな道具だ。もし、道具の使い方がわからなければ、その道具は無駄で役立たず、あるいは危険なものになりかねない。チェーンソーを手にすれば、誤って自分の足を切り落としてしまうかもしれない。けれども、真っ白なパワーポイントのスライド画面を与えられれば、わたしはあなたのために視覚に訴える魔法のようなプレゼンテーションをつくり上げてみせる。必要なのは、道具を使って役に立つプレゼンテーションを仕上げる方法を身につけることだ。

あなたのスライドショーをひどい代物から衝撃的なものに変えるために、次のようなシンプルなルールを紹介しよう。われわれはこのルールにしたがって、クリエイティブ・ベンチャーズで自分たちのパワーポイントをつくり上げている。

これをパワーポイント101ということにしよう。

・いつでもできるときには必ず、ことばを映像に置き換えよう。そしてそれぞれの映像を、〝シンプル〟に。

・慎重に映像を選ぶと、その映像はそのままあなたの話しているストーリーに結びつく。漫然と古い絵を追加してはならない。もし今、ビーチハウスに住む引退した投資家を話題にしているとすれば、山小屋ではなく、ビーチハウスの絵を使おう。

ある男性のことを話しているなら、男性の絵を使う。女性の絵ではない。分かり切ったことだと思うだろうが、それでも実に多くの人が、ろくに考えもせずパワーポイントに適当な映像をペタペタと貼りつける姿は、困ったものだと言う以外にない。

・ことばがぎっしりのスライドは、プレゼンテーション全体をダメにする。だから、ことばを使うときには、その文字を大きくしよう。次のようなふたつの効果がある。

（1）映された画面上の文字を聴衆が読みやすくなる。

（2）各スライドに書きこめることばの数が限られるために、伝えたいアイデアをうまく要約しなければならない。

・スライドのことで言い訳を繰り返すとなると（「すみません、文字が小さすぎますね」「すみません、文字が多すぎますね」「すみません、このグラフは意味がよくわかりませんね」）、となる。そんなスライドを使うのは禁物だ！　プレゼンテーションからは取り去って、伝えたい情報を配布する資料に載せればよいのだ（「お手許の配布資料に必要な法的開示情報をすべて載せております」）。

視覚情報主体のデモンストレーションは、大規模な集会には向いていない。もうひとりの「見ればわかる」の達人マットが、そのアイデアを理解してもらうために視覚情報を使うのは、少人数のディナーの席だ。そして大半のビジネスをその席でこなしている。

マットは、マサチューセッツ州を拠点にしている、オルタナティブ投資の世界的な専門家だ。あなたが、この分野で世界的な専門家でないのなら、こんな説明をしよう。つまり、常識的な投資は、株式や債権のようなものを対象にしている。オルタナティブ投資はこれと全く違っており、その対象は、ヘッジファンド、マネージド・フューチャーズ、不動産、稀少金属そしてデリバティブなどだ。

こうした商品は、金融業界の人たちにはよく理解されている。しかし業界の外にいるわれわれにはほとんどなじみがない。一般的に複雑になりがちで、しかも最低の投資単位が大きく、要求される手数料も高額だ。さらにつけ加えると、リスクもまたそれなりに大きく、それだけにリターンも大きくなる可能性がある。

こうした商品の市場はごく一部の限られた投資家だけの世界だ。投資機関（年金基金のような）と大金持ちの人たちもこの世界に入っている。マットがプレゼンテーションをする相手は、市場の2番目の層である捉えどころのない人たち、つまり最低でも100万ドルの流動資産を持っている個人富裕層だ。

マットが相手にしているのは大半がフィナンシャルアドバイザー、つまりこうした超富裕層が持っている金融資産の管理をしている人たちだ。フィナンシャルアドバイザーを説得して、そのクライアントに既存のワクにとらわれない投資を考えさせる、というのがマットの仕事なのだ。しかし、マットが並外れた存在になっているそのわけは、仕事上のクライアントであるフィナンシャルアドバイザーに会うのと同じように、末端の大金持ちのクライアントにもよく会っているからだ。というのも、マットには、この種のなじみのない投資を、金融とは縁のない人たちでも理解できるように説明する力があるからだ。説明には視覚情報を駆使している。

マットのデモンストレーションを見てみよう。

投資商品は金、すなわちゴールドだ。マットはフィナンシャルアドバイザーと、そしてその裕福なクライアント、つまり投資をしてくれそうな人、と一緒にディナーのテーブルを囲む。マットの役割は、ゴールドがなぜ投資する価値のある対象なのかを説明することにある。硬貨を3枚、テーブルに出す。1枚は、マット個人のコレクションから持ってきた古代の金貨で、鋳造されたのは668年。2枚目は現代の10分の1オンス地金型ゴールドイーグル5ドル金貨（2016年には約140ドルの価値があった）。3枚目は金箔で包んだチョコレートのコイン。

マットは説明する。チョコレートのコインは大方の人たちがゴールドを見る目を象徴している。つまり、宝石のように、豊かな気持ちになるための〝楽しい〟品物としてながめるのだ。

次にマットは、フィナンシャルアドバイザーの方に顔を向けて話をする。しかしその前に必ず、投資をしてくれそうな人にゴールドイーグル金貨を手渡しながら「これがお客様の最初の投資対象です」と言うことを忘れない。

最後にもうひとり視覚情報の大家、シシーを紹介しよう。マンハッタンで広告の仕事をしている。シシーの最も大切にしているセールスの道具は、何年も前に中古品の店で見つけた古風な旅行用手提げだ。この手提げは花模様があしらわれ、革の縁取りがしてある。しかし、手提げそのものが大切なのではない。大切なのはその奥底に忍ばせてある材料だ。

シシーが〝トリックの詰まったバッグ〟と呼んでいる手提げの中には、ぱっと見には支離滅裂に見える品物のコレクションがあった。いつも中身が入れ替わっている、頭がおかしくなるような奇妙なコレクションだ。その手提げを空港の保安検査に通して、運輸保安庁にその中身を洗いざらい説明させられる状況を思い起こすと、笑ってしまう。

インタビューをしているとき、シシーはわたしにある話をしてくれた。それは、シアトルの見こみ客の一社を射止めようと真剣になっているいくつかの代理店から派遣された、多数のクライアント担当者のひとりとして仕事をしたときの経験談だった。この客は梱包材メーカーで、環境への真剣な取り組みを公表したいと考えていた。その直前に、梱包材への合成ポリマーの使用を制限すると宣言していたのだ。

プラスチックとナイロンは、合成ポリマーの代表例で、大きな環境問題を引き起こしている。こうした製品は生物分解するのに何世紀という時間が必要で、その間に野生生物や生態系に大きな影響を与えてしまう。200万トンのプラスチック製ボトルがアメリカ国内の埋め立て地に堆積している様子、そして、ボトル6本のまとめ売り用プラスチックリングが海洋生物を窒息させる様子を思い浮かべてみよう。シシーの競合会社は絵コンテを片手にシアトルに飛んできていた。それは広告キャンペーンを売りこむときに使う定番の道具だ。シシーが持ってきたのは例の大きな手提げだった。他社が次々に売りこんでいる間、シシーは出番を待っていた。手提げを抱えている姿からそれは『メリー・ポピンズ』からのお守りのように見えた。

シシーの番になって見こみのあるクライアントの前に出ると、手提げを置き、そして自己紹介をし、そして次のような話を始めた。大多数の消費者は、次のふたつのことがわかって初めて、そのクライアント企業の新しい環境への取り組みがどれほど重要なのかを理解する。

つまり、ひとつ目に、合成ポリマーとは何か。そしてふたつ目に、それがどれほど大きな問題を引き起こすのか？　シシーは、広告キャンペーンは大衆に対して、合成ポリマーがどれほど至る所に存在しているかを教育することに集中することから始めるべきだという考えを主張した。それが終わると次に〝トリックの詰まったバッグ〟から、大きなサイズのパンティーストッキングを取り出した。

茶化して大げさに話そう。見こみ客のふたりにウエストバンドを持つように頼み、ふたりがそれぞれの端を持って引っ張ると、5フィート（約1．5メートル）ほどにまで伸びてしまった。部屋の誰もがみな息を飲み、そして大笑いした。この大きなナイロン製品が合成ポリマーからつくられた無数の製品のひとつで、最後には埋め立て地や海に投棄されてしまうのだと説明した。

すると、突然ベルが鳴った。シシーは話すのをやめて手提げの中に手を入れ、古めかしい時計を取り出す。頭に真鍮のベルが付いている手巻き式だ。ベルを止めてその時計を演壇の上に置いた。そして、このキャンペーンは合成ポリマーが生物分解するのにどれほどの時間がかかるのかを伝えなければならないだろう、と語った。プレゼンテーションはこんな調子で続いた。つまり、手提げからさまざまな小道具を取り出して、シシーの伝えたいポイントを説明したのだった。あまりにも変わっていてしかも想像力が豊かだったおかげで、望んでいた結果が待っていた。つまり、シシーはその仕事を獲得する。

ライアン、マットそしてシシーは成功者だ。なぜなら、彼らは驚異的なプロセッサーである人間の脳が、情報を吸収する方法について、豊富な知識を持っているからだ。脳は絵や物体のような視覚情報を記号化し保存し、そして管理している。その処理速度はことばを処理する速度の6万倍だ。

視覚情報は非常に説得力があり、マクドナルド、アップルそしてナイキなどをはじめとした数々の企業は、もはやロゴの中に会社名を入れていない。馴染みになったアーチ、ひとかじりした歯形のあるリンゴ、あるいは例のスウォッシュ、ことばはなくても、すぐにどの会社のブランドかがわかる。この現象は、心理学研究における〝画像優位性効果〟と呼ばれる理論と結びついている。さまざまな研究によれば、もし、あなたがあるグループの人たちに〝円〟ということばを示し、それから72時間たったところで彼らに、何を示したのか憶えているかと尋ねると、正確に答えられるのはそのうちの10パーセント程度の人だろう。しかし、もし円の絵を示した場合には、思い出せる人の割合は65パーセントになるだろう。

もし視覚情報が、スーパースターのセールスパーソンは言うに及ばず、巨大企業のブランドや心理学の研究にも有効だとすれば、あなたにも同じように有効に働くだろう。あなたのクライアントに対して秘密その7を活用しよう。すると、彼らは視覚情報を見れば、あなたの言いたいことがわかるはずだ。

その8

話すのをやめて聞く

“W.A.I.T.”という略語は、“Why am I talking?”つまり、なぜ今、わたしは話をしているのか、という意味だ。秘密その8は、話すのをやめて、黙って聞け、という合図だ。クライアントの話に真剣に耳を傾ける姿勢が、セールスで成功をおさめるためには決定的に重要だ。話し方や統計数字そして購買者行動の調査は役には立つ。しかし、ただ話を聞いただけでは、世の中の調査データのすべてが、クライアントが言おうとしている内容にぴったりあてはまるとは限らない。

クライアントの話を真剣に聞くことによって、人間関係がさらによくなり、あなたのチームとクライアントとの協力が強まり、彼らの問題解決の一翼を担えるようになる。日常的にクライアントの問題を解決するのを手伝っていると、どうなるか？　クライアントはあなたのことを、自分たちのチームの一員として見るようになる。たとえあなたがクライアントの組織の従業員でなくても、実質的には困りごとに対処する爆弾処理班の社内メンバーになる。相手の話に真剣になればなるほど、あなたの話も真剣に〝聞いてもらえる〟のだ。

真剣に耳を傾けることで、理解が深まる。優秀な聞き手はクライアントにとって何が重要であり、何がそうでないかの判断ができる。彼らは、ほんとうの意味で、クライアントの抱える問題を〝理解〟するのだ。

真剣に聞く姿勢には金銭的な見返りもある。ウェインに聞いてみよう。ラスベガスの商業用不動産の仲介人をしているこの人の話では、見こみ客とことばを交わしているうち、相手のクライアントが何気なくこんなことを言ったという。つまり、繁華街にある新しい立派なレストランで食事をしてきたばかりだ。そこが今、地域の経営者が集まるメッカになっている、というのだ。

ウェインでなければ、この一見たわいもない話を右の耳から左の耳へと聞き流してしまったかもしれない。ウェインはすかさず、あとでその場所をチェックするためメモをした。今ではそのレストランの常連客になっている。そこでコネをつくって、自分のビジネスに結びだから、聞くことは重要だ。

ただし問題は、その実践が難しいことだ。

「わたしほど聞くのがヘタな人間はいませんでしたよ」とウェインは言う。「最悪です。よい聞き方の要素にことごとく背いていました。つまり、クライアントがいろいろな話をしてくれているときでも、緊張感を続けていられる時間が短いために、心ここにあらずになります。クライアントの話がまだ終わらないうちに、その答を用意してしまうのです。ミーティングがまだ始まらないというのに、答を考え始めるのが常でした。クライアントのオフィスに行く途中、〝この話はすでに全部聞いている。だから彼らの要求も正確にわかっている。面倒な話は飛ばして、売りこみ話にかかろう〟と考えていました」。

なるほど、これは困ったことだ。しかし、ここでウェインがどのようにして、生まれながらの〝最悪の聞き手〟という状態と縁を切る方策を考えて成功をおさめたのか、そしてトップ集団の仲間入りを果たしたのかを紹介しよう。

ウェインはラスベガスの驚異的な数のオフィス賃貸物件を扱っている。数年前にこの地域の不動産市場が急激に落ちこんだときでも、堅実なビジネスを続けていた。業界には、貸主専門の代理店と借り主専門の代理店が存在してる。さらに、両者を仲介できる代理店もある。ウェインはこうした仲介人のひとりで、非常に優秀だ。オフィスビル全体の代理人であると同時に、そのスペースへの入居を希望しているさまざまなテナントの代理人にもなる。これでは、小さな代理店が扱ったときには、簡単に重大な利益相反を起こしてしまう。

しかし、ウェインは、両者の利益を巧みに調整することに非常に長けている。入居希望のテナントとはこんな風に話をする。「スペースを改装なさりたい？　それなら1平方フィートあたり○○の金額でお受けできます。その条件では予算におさまり切らない？　そうですか。それではもう一度、わたしのほうで何ができるか考え直してみます」。次に、この借り手の希望条件を、〝他の〟見こみのあるクライアントと貸し手に提示することによって、両者にとって満足のいく妥協点に着地させるのだ。

ウェインの成功の多くは、ひたすら双方の言い分を真剣に聞くその姿勢がもたらしてくれた成果だ。すでに述べたように、本人は聞くのがずっと苦手だった。しかし今では、「よくなりましたよ」と語った。ウェインがどうしてよくなったかは、少しあとで紹介しよう。

キャットも、聞き上手になっている。すでに述べたように、キャットは秘密その6〝好き〟の基盤を構築しよう、で紹介した医薬品業界のすご腕だ。定期的にクライアントに集まってもらうと、彼らに対して、一緒にビジネスをするとき、自分のどんなところが好きかと尋ねるのだ。もしあなたが、クライアントとの正式なミーティングを設定するところまで追いこまれたときには、彼らの話にひたすら耳を傾け、その言い分を真剣に考えるべきだ。キャットはチームと一緒に、これを実践している。彼らは聞き取りの専門家に成長しているのだ。

キャットもウェインと同じで、生まれつき聞くのが苦手だと、ときおりわたしに話してくれている。駆け出し時代、クライアントと話をするときは、いつも先走りしてクライアントの話の腰を折っていたという。繰り返しトレーニングをすることによって、粘り強い聞き手になっていた。

もし、聞き手としてはお粗末な部類ではないかと思っていても、それは必ずしもあなただけのせいではない。われわれ人間は、無意識のうちに、相手の話を聞くのに長い時間をかけないですますようなクセをつけてしまっている。背景の耳障りな音を意識せずに消し去ることにも長けている。そうでないと気が変になるからだ。たとえば、近所の人が毎週土曜日になると使うリーフブロアーの騒音を無視する。街路上の騒音はわれわれの意識からすり抜けていく。聞こえてはいても、聞いてはいないのだ。

セールスパーソンはとくに救いようのない聞き手だ。その理由は簡単にわかる。セールスに携わっている人たちは、何であれ、それを売りこむことによって生計を立てている。彼らはセールスの経験を積めば積むほど、ますますお粗末な聞き手になっていくのではないか。なぜなら、自分の長広舌に磨きをかけるためにあまりにも多くの時間を使っているからだ。いつも、磨き抜かれた実践的で状況に合った売りこみの文句を準備しているから、誰かが何気なく「あなたのお仕事は？」とパーティーのような場で尋ねたとしたら、尋ねた本人は身構えたほうがよい。というのも、彼らはそのとたん、売りこみ文句の攻撃にさらされるからだ。

人生は難しい、売りこみも

セールスと結びつくような〝売りこみ文句＝ピッチ〟ということばは嫌いだ。なぜなら、わたしに言わせれば、このことばにはごまかしという意味が含まれているからだ。野球では、ピッチャーがバッターをアウトにしようと工夫している。ごまかすことで頭が一杯。優秀なピッチャーは、次のようなことを考えている。「どうすればこのバッターをだませるか？剛速球をバッターの胸元に投げ込めるか？　大きく落ちるカーブで空振りさせられるか？ボールの握りが見えないようにグラブで隠せるか？」。

野球ではこれらはすべて必要な戦術だ。しかし、セールスの世界の場合、クライアントをだますことだけは、絶対にしてはならない。〝売りこみ文句〟の代わりに、わたしは〝セールス・ストーリー〟ということばを、わたしの仕事のクライアントには薦めている。

ここで思いがけない話を紹介しよう。セールスのプロはみな、話す訓練を受けている。そこで、彼らにどれほど〝聞く〟訓練を受けているかと聞いてみよう、すると彼らは3つの頭を持つ巨人を見ているかのような目を向けてくるだろう。彼らは真剣に耳を傾けることを教わっていないだけのことだ。ウェインやキャットのように、〝よくできる〟から〝最高〟へと成長したセールスパーソンの中に、話すことから抜け出て熱心に聞くという領域にまで達した人は珍しいのだ。

積極的に耳を傾けているかどうかは、いくつか注目すべき特徴によって判別できる。

・純粋な興味を持っている

キャットは心から、人が何を話しているのか知りたいと思っている。だから、彼らの話に耳を澄ます。クライアントのひとりと意見交換をするときには、しばしば相手が以前に口にしたコメントにまつわる話題から切り出す。それは、話を聞く自分の真剣な姿勢を相手に伝えるジェスチャーだ。

・彼らは聞くことに集中する

積極的に耳を傾けるのは意図的な行為であって、たまたましていることではない。彼らは、他のことをしたり考えたりしながら、それでも大切な情報を吸収できるなどとは思っていない。ウェインは意思の力によって神経を集中させている。

・彼らは邪魔をしない

積極的に耳を傾ける人は、話し相手に、言いたいことが言える余地を残すものだ。たとえそれによって、彼らに、自分の考えをまとめるだけの時間ができてしまったとしても。言うまでもなく、沈黙の時間というは気味が悪いものだ。われわれはどうしても、会話の隙間を自分たちの言いたいことで埋めようと考えてしまう。やめよう。

・彼らはオウムのような反応をする

キャットは言った「われわれはミーティングで、数えきれないほど、同じ内容を繰り返しています。クライアントが言ったことを、自分たちが理解したことを確認するために、言い直します」。つまり、彼らは相手が伝えたことをその場で繰り返す、彼らのことばでその内容を表現するのだ。

8

こんな反応をすること（「わたしの理解が正しければ、こういうことでしょうか……」）によって、相手の考えていることを把握するのに役立つだけでなく、もしあなたが間違った理解をしているとすれば、それを正すための機会をクライアントに与えることにもなる。そして同時に、それはあなたが熱心に耳を傾けている裏づけにもなってくれる。

・科学者のような質問の仕方をする

慎重に組み立てられた質問は、科学の教義の核心であり、科学者は、関心の対象に対する理解を容易にするために、そうした探求的な質問をする専門家だ。クライアントに対して彼らが言いたいことが何かを尋ねられる機会を見つけよう。それがクライアントのビジネス上の要求にまつわる真剣な話でも、彼らの子どもの大学入学志願についてのよもやま話であっても構わない（「あなたの古いオフィススペースの賃借期限はいつですか?」「息子さんが入学なさりたい学校はどこですか?」）。そして好奇心を持ってクライアントの答を聞こう、初耳情報を仕入れるために。

・相手に自分がしっかり話を聞いていたことを伝える

こうすることで、ウェインやキャットが話題にしている、お互いのつながりや協力の姿勢が生まれてくるのだ。

積極的に耳を傾ける姿勢

積極的に耳を傾ける姿勢は、いつも自然に生まれてくるとは限らない。クリエイティブ・ベンチャーズで、われわれは長年、こうしたスキルを教えてきた。それでも、まだ、その場で話をやめなければと気づかされることがときどきある。わたしは肝心な質問を書いた小さなノートを持ち歩いている。自分の熱心に聞くスキルをすぐに呼び覚ましてくれて便利だ。新たなクライアントがわたしの会社に連絡してきたとき、わたしは新しいノートを取り出してこうした質問をし、そして返ってきた答をその場で書きこむことにしている。

・あなたのプロジェクトについて少しばかりお話しください。
・そうしようとお考えになったきっかけは何だったのでしょう。
・解決なさろうとしている問題についてお聞かせください。
・お考えになっているこのプロジェクトの最高の結果とは、どのようなものでしょうか。

ところで、秘密その8を、わたし自身のビジネス人生の中で心から信奉してきたことを証明するために、オフィスの電話のとなりに、"W.A.I.T."と書いた小さな板を置いている。それは、クライアントと話をしているとき、話すよりも聞くほうに意識を向けるという心がけを思い出すためだ。

しかし、ちょっと待ってほしい。もうひとつ、積極的に耳を傾けるための基本がある。実際のところ、もしこれを実行したら、あなたはウェインとキャットのスキル水準に到達する道のりを順調に歩んでいることになる。ウェインはわたしに、今の姿の聞き手になれたのは、「売りこみの文句にひとつだけ変化を加えたからだ」と語ってくれた。

ひとつの変化。よく聞いてほしい。ウェインの説明はこうだ。

「わたしは相手と話をするとき、その冒頭で切り出す決まり文句は〝メモを取っても構いませんか?〟です」。

そう。それはウェインの魔法の銃弾、つまりメモを取ることだ。

どんなクライアントとのミーティングでも、そのクライアントが貸し手、借り手に関係なく、ウェインがいの一番にすることは、ブリーフケースから大切にしているモレスキンのノートと超高級ペンを取り出すことだ。相手の話に耳を傾けるための道具だ。そしてノートをとりながら「わたしは人の話を聞くのが大の苦手でしたが、今ではとても得意になりました。おかげで最高の成果をあげています」と言うのだ。

ウェインの場合、ノートを取ることによって、考えをまとめようとしている頭に余裕が与えられる。書き留めているときには、クライアントの話だけに集中し、それを理解し自分の問題として受け止める。これによってさらに集中力が高まる。なぜなら、クライアントのアイデアをその場で紙に書き留めようとするからだ。

これはウェインにとって、宗教に近い大切な意義の啓示だった。今でも、とわたしに語ってくれた。「上手なノート取りは、常に勉強しなければならない戦略ですよ」。そして続けた「最初、クライアントの話を一言一句書き留めようとしていました。バカでした。聞き返してばかりいました。だから、自分では最善を尽くしているつもりなのに、かえって、いいかげんな聞き方をしているようにとられたのです。そこで、自分に合った流儀が必要なことに気がついたのです」。

もっと聞き上手になれると信じて、ウェインは大学が学生に効率的なノートの取り方をどのように指導しているのか、調べてみた。大きな発見があった。それは一言一句ではなく、最も重要なアイデアだけを書き留める方法を身につけることだった。「これがブレイクスルーでした」とウェインは振り返った。「そのおかげで、いつもノートに目を落としている状態から抜け出して、真剣に相手の目を見られるようになりました」。

ひとたび、クライアントの話の核心を見きわめるコツがわかったおかげで、ときおり顔を上げて、クライアントの手振りや身振りといった手がかりを目から仕入れる余裕が生まれたのだ。もうひとつ嬉しいおまけがあった。「承諾を求める姿勢によって、クライアントにはわたしがほんとうにメモを取りたいのだという気持ちが伝わるんです」と語ってくれた。

ウェインが身につけた聞く能力のおかげで、仕事熱心な仲介人という評判を生み、さらにこの評判が利益をもたらしてくれる長期間の関係、そして成長し続けるキャリアの構築に結びついた。こんな風に言うのだ「他にもっといい製品があるかもしれません。他にもっと優秀な売りこみ上手がいるかもわかりません。しかし、わたし以上の聞き手は絶対にいませんー」。

W.A.I.T.の効用がもうひとつある。デュアルテというベテランの100万ドルセールスパーソンに言わせると、それは自分の聞く能力を磨くことによって、典型的な押しつけがましいセールスパーソンになるのを防いでくれるということだ。

デュアルテは、イリノイ州にある金融サービス専門会社で働いている。わたしに、どうして〝押しつけ〟のワナにはまったのかそしてそこから抜け出したのかを語ってくれたとき、デュアルテは会議室のテーブルに両足を投げ出し、腕を頭の後ろで組み、ネクタイを緩めていた。何年も前、優秀な成績で中西部の小さな大学を卒業すると、デュアルテはそのままセールスの世界に飛びこんだ。というのも、自分の思い描いていた将来への近道のように思えたからだ。

「大金を稼いで、思い通りに自分の世界を動かし、そして自分の才気と能力を活かして人をわたしの仕事に巻き込もうと思った」とわれわれのインタビューで語ってくれた(そして十分に話を聞いた結果、わたしは確かにデュアルテにはこうした資質があると断言できる)。

デュアルテはまず、生命保険会社から仕事を始めた。セールストレーニングの課程を修了すると、オフィスを出て仕事にかかった。「若くて、商品をバカみたいに押しつけていました。

教育された方法で、いつもミーティングを始めるのです。つまり、見こみ客に対して、わたしの商品がなければ、家族がいかに悲惨な状況に陥るかといった不安感をあおるようなストーリーを話します。クライアントの話はひとことも聞きません。ひたすら押しつける姿勢です。それが唯一の方法だと思っていました」。

デュアルテのブルドーザースタイルは、新婚時代になっても変わらなかった。「自惚れていました。相手にひたすら押しまくっていましたね」と語る。「それだけがわたしの武器でした」。

しかし、社内で地位が上がり、より複雑な生命保険商品を物知りのクライアント相手に売り始めると、いつの間にか、断られる件数が大きく膨らんでいった。それでわかったのは、魅力的な保険を買おうとする人は、一般の人たちとは違って、力づくで決めさせられることに反発するという事実だった。

しばらくして、デュアルテは生命保険の仕事をやめ、金融サービスに転向した。今働いているその会社では、セールスチームに対し、何時間もかけて非常に違った手法でクライアントに働きかけるためのトレーニングをしている。この働きかけが真剣に聞く姿勢の基本になっている。その聞く姿勢を身につけることが、セールスのスキルの核心であって、自分の仕事の手法を変えてくれた、とデュアルテは語ってくれた。

われわれがインタビューをしているとき、わたしは自分ひとりがいきなり長広舌している、そんな長い時間が存在していることに気がついた。デュアルテがわたしの10の質問のひとつに答える代わりに、逆に質問をしてきた。そこでわたしは〝自分の〟アイデアを〝彼〟に話し始めたのだ。つまり、この間、デュアルテは事実上、インタビューをする側の人間になっていた。

ミーティングのゴールはいつも同じ、長い間付き合いのあるクライアント（わたしのことかも）とのミーティングでも変わらず、全体の時間の80パーセントを聞くことに使う、話すのは残りの20パーセントに限っている、と話してくれた。その会社の聞き方トレーニングで、インストラクターは、セールスパーソンに対して、なんとストップウォッチを使って時間経過の感覚をつかむ訓練をする（この不思議な80対20の割合は、秘密その12お得意様を囲いこもう、で再び紹介する）。

ところで、デュアルテは、再婚相手と幸せな結婚生活を25年間続けていると語っている。最初の結婚生活はわずか2、3年で終わってしまったらしい。「何がうまくいかなかったのか、お分かりですか？」と聞いてきた。「聞き方がわからなかったからです」。

最高のセールスのプロは、聞く姿勢によってもたらされるものが、義理堅いクライアントとそして大きな数字の成果だ、ということがわかっている（言うまでもなく幸せな結婚もそうだ）。これらすご腕の持ち主は、相手の話を必要に応じて、受けとめ、理解し、そしてそれに答える。そのスキルのレベルが高いため、普通のセールスパーソンとは勝負にならないのだ。どんなやりとりの中でも、「わたしはなぜ話しているのか?」と意識的に自問自答するには、膨大な練習が必要だ。しかし、もしウェインやデュアルテのような人たちがさらに成長できるなら、あなたにもできる。もし100万ドルクラブに到達したいなら、話は簡単、W.A.I.T.つまり、「なぜ今、わたしは話をしているのか」と自問自答しよう。

秘密

その9

スマートに売ろう

ワシントンにある米国議会図書館は別格として、最も充実したビジネス書の蔵書を誇る施設のひとつが、ヒューストンのオフィスビルの中にある。この私立の書庫には、創造的思考やリーダーシップから財務に至る、広範なテーマについての書籍が、床から天井まで壁一杯の書棚におさめられている。書棚にはかっこいい移動式のはしごもついている。とても立派だ。もしこの施設を利用する幸運に恵まれたら、思いのままに好きな書籍を借り出せばよい。

アイデアの企画が必要？　ここの蔵書には、それに関する書籍がある。マーケティングのヒント？　そのテーマの書籍も、もちろん並んでいる。

この特別な書庫はどうすれば活用できるのだろう。会員になる必要があるのだろうか。いえいえ、シャロンとビジネスをすればよいだけだ。

シャロンは、マーケティングと広告を手がける会社で働く100万ドルのクライアント担当者で、長い年月をかけてこの図書室をつくりあげた。それはシャロンの個人オフィスの中にあり、ふたつの目的を持つ。ひとつ目。この企業で働く人たちの誰もが使える膨大な資源にする。ふたつ目。シャロンのクライアントと見こみ客のどちらにも活用してもらう。つまり、シャロン・レンディング・ライブラリー、利用者は誰でも、必ずその仕事の成長が約束されるそんな書籍の図書室なのだ。

この図書室は、超クールな仕事に取り組んでいる女性によるクールなアイデアだ。シャロンはチームと一緒に、クライアントの製品のマーケティング企画や広告キャンペーンだけでなく、求められれば、製品のパッケージまで企画する。シャロンがつくりだしたパッケージに入った食品やパーソナルケア製品が、今、あなたの住まいにもあるかもしれない。

そのスキルの数々を独創的に駆使することとは別に、シャロンに成功をもたらしているのは、学習に臨むその徹底した姿勢なのだ。

これが図書室を設置した理由だ。シャロンがこのアイデアを思いついたのは、何年も前、ブレインストーミングの場で、クライアントに対する自分たちの価値をさらに高めるための方法を考えていたときのことだった。クライアントは自分の仕事のスキルを上げたいという思いでいつも頭が一杯なのではと、ふと考えた。もし自分にその手助けができるなら、〝それがまさに〟ほんとうの価値の向上になるのではないか。

仕事の上でも個人的にも、クライアントの成長に力を尽くせるセールスパーソンになろう、そうすれば、あなた自身が、売っているものが何であれ、その売り物よりも、彼らの成功にとって、はるかになくてはならない存在になる。そのメッセージはこうだ「もし、競争相手ではなくわたしとビジネスをしてもらえば、すばらしい製品やサービスをお届けするだけでなく、仕事の上でも成長していただけるように努めます」。

これが秘密その9を支えているアイデアだ。つまり、人に自己改善の機会を用意しよう、そうすれば、彼らにとって絶対に必要な存在になれる。わたしが「〝クライアント〟のために自己改善の機会を用意しよう」と書いていないことを確認してほしい。なぜなら、秘密その9の対象は、あなたのクライアントあるいはあなたとチームのどちらでもよいからだ。

シャロンの場合、その図書室は進行中のクライアントを対象とした教育の源泉になっている。また、既定のマーケティングツールでもある。クライアントは自分が借り出した書籍に目をやったり、そこに書いてあるアイデアを活用したりするたびに、シャロンのことを思い出す。そして、少なくとももう一度、必ずシャロンのオフィスを訪ねていかなければと考える。

わたしはシャロンに訊いた。

「オフィスに書籍を借りに来るクライアントは何人いますか？」

「ほとんど全員ですね」

「書籍を返してくれる人は何人？」

また笑顔で答えてくれた。

「ほとんど全員ですね」

まさに、立派なアイデアだという証ではないか。

LEARN IT OR LOSE IT 学ぶか失うか

頭は一日におよそ7万回、思考を処理する。しかしどのようにして学習するのだろうか。学習という話になると、大脳つまり脳の最も外側の部分が一番重要だ。われわれの短期長期の記憶が存在しているのも、この部分だ。あらたに情報が入ってくると、短期的な記憶域、つまり脳の中心にある受容センターに保存される。こうした新しい材料の多くは、暫定的にそこにとどまるだけで、はるばる長期用の駐車場まで向かうことはおそらくないだろう（ちょっと考えてみよう、4日前の夕食に何を食べたか思い出せるだろうか？）。

しかし、われわれが現実に何かを学んだとき、それはもっと長い期間用の記憶領域へと移されていく。火曜日に食べたパスタやサラダのことが、長期の記憶域にたどり着くことはないだろう。しかし、あなたの社会保障番号は間違いなくそこにおさめられている。

シャロンの図書室をつくるには、努力が必要だった。しかし今では、無事完成して運営が続いており、価値を付加するのにほとんど努力をしないですんでいる（シンプルの定義に近い）。インタビューした他の人たちは、自ら積極的に動いて、自分のクライアントが新しいことを学ぶための役割を果たしている。

わたしはギデオンと話をした。世界一流の金融会社に勤める100万ドルのすご腕だ。ギデオン大学での講義内容の多くは、たとえば〝社会保障番号を理解する〟や〝財産運用の納税対策〟といった財務関係のテーマと関係がある。どのように財務計画を家族と相談するかといった講義や、相続財産を子どもに残すことの影響についての講義などがある。孫の大学教育を援助したいという人は、金銭の贈与についての相談ができる。出席者は多種多様、しかし、どの提案もみな、ギデオンにとって、常にクライアントを自分につなぎ止めておくための方策なのだ。

ギデオンがこうした内容をすべて講義しているわけではない。しばしば、業界のリーダーを主役にもってくる。ギデオンの活動の場はシカゴの外にあるので、声をかけられる世界的な大学教授は豊富にいる。もし一流の経済学者に出合ったら、ギデオンは口説き落とそうとする。

OK。これはギデオン大学のビジネスの側面だ。しかし、ギデオンはまた、もっと軽いテーマの講義も用意している。ロブスター料理を仲間と楽しみたい？　ギデオンは町のレストランのシェフに頼みこんで、その調理法を教えてもらう。政策に興味がある？　地元の下院議員か市議会議員がギデオンのクライアントのために喜んで集会を開いてくれる。最近は、歴史の教授を招いてエイブラハム・リンカーンの話をしてもらった。ちなみに、この講義は、

24時間たたないうちに予約で一杯になっている。

ギデオン大学は金のかからないアイデアでもなければ、簡単に実現できるアイデアでもない。講義を考え抜きそのスケジュールを立て、その会場の費用を負担する（ギデオンはそれを彼の年間のマーケティング予算からやりくりしている）。ギデオン大学は、クライアント相手の接待ディナーや会社からの贈り物よりも、はるかに記憶に残るものだ。ギデオンは毎回、出席者に向かって講義で予定されている話題に興味のありそうな友人を連れてくるようにと声をかけている。

プログラムを始める前に必ず、ギデオンはちょっとした売りこみ文句を言うのを忘れない。それは決して長すぎず、見え透いた押しつけでもない。けれどもさりげない製品やアイデアの紹介になっている。毎回講義が終わると必ずクライアント層が拡大しているとわたしに語ってくれた。ひとつの課程が直接、新たな見こみのあるクライアントの財務や成果につながってもつながらなくても、一つひとつのイベントによって、ギデオンはクライアントの心をがっちりとつかんでしまう。これはおだやかな接遇の典型的な例だ。

この努力はまた、感謝のかたちでも報われている。ギデオン大学を通して、ギデオンは積極的にクライアントの生活をよりよいものにしている。彼らもそれをよく受け止め、感謝している。インタビューしているとき、ギデオンは大きなアコーディオンファイルを引っ張りだした。「この中身は全部、サンキューメモですよ。セールスの接触の一環としてわたしが学習するという提案を始めてから今までに、送られてきたものです」。

シャロンとギデオンは彼らの学習する機会をクライアントに直接提供している。ふたりのメッセージはこうだ。「わたしとビジネスをしてください。そうすれば、あなたの仕事が発展するようお手伝いします」。

ロンは、保険の販売に携わっており、これとは違った方法で、つまり自分の〝チーム〟を対象に、彼らの成功をさらに後押しするために、学習を利用している。

われわれは誰でも、発展途上の作品だ。われわれはみな、成長を続けている状態にある。最高のセールスパーソンは、つまり最高の人たちは、休むことなく学習を続ける。自分が目ざすゴールのリストの一番上に知識を置く人は、取り組む仕事で最もできる人間になる。

ロンにはこのことがわかっており、大きなセールス部隊のメンバーの誰に対しても、その潜在能力が100パーセント発揮できるよう力を貸している。優秀なセールスパーソンには多種多様なスキルが必要だ、その中には取引のための技術的な要件とは別の物がたくさんある、ということに気がついている。プレゼンテーションのスキル、一対一のコミュニケーションスキル、そして全体をまとめあげるスキルといったものがそうだ。

6か月ごとに、ロンはチームのメンバー一人ひとりにわたしが〝今がチャンス〟と名づけた報告書を書き上げるよう指示している。メンバーはしばしの時間、自分自身を見つめ、強みと弱み――仕事の上そして個人的の両方―を評価し、自分が今度はどんなことを学習したいのかを考える（考えているゴールが互いに一致するというメンバーがたくさんいるときもあれば、そうでないときもある）。そしてメンバーと個別に会い、一対一の話し合いをして学習計画を立てていく。年に二回の考察は年に一回よりもよいと信じている。というのも、彼らは注目されていると意識するからこそ、学習する姿勢が続くのだ。

バフェットとのつながり

ロンとわたしは、パロットヘッドだ。シンガーソングライター、作家、起業家であるジミー・バッフェットの大ファンはみな、自分たちのことをこう呼んでいる。ジミーが1978年に出したアルバム「Son of a Son of a Sailor」のサイン入りジャケットをロンのオフィスで見たその瞬間、わたしは、自分にも同じ血が流れているように感じたのだ。そんなわけで、ロンとのインタビューは結果的に、わたしの調査活動の中で最も長時間にわたった会話のひとつになった。その会話の中で多くの時間を割いた話題は、パラダイス・レストランで楽しめるラガービールのランドシャークラージャーとチーズバーガーだった。このレストランは、ジミー・バッフェットのレストランチェーン、マルガリータビルのシカゴ支店だ。

わたしがバフェットの話を取り上げたのにはわけがある。〝今がチャンス〟〝When the Coast Is Clear〟という報告書の名称は同じタイトルのバフェットの歌からつけているのだ。

この歌は、リゾート客がみな家路につき静寂の戻った町が舞台になっている。歌に出てくる人は、その静かな時間に自分自身を見つめるのだ。

そこでロンは、チームのメンバーが設定したゴールにつながっていく学習の機会を用意する。もし人との関係づくりがもっと上手になりたいという人がいれば、ロンはオフィスの中に朝食の場を用意し、その話題を相談できる心理学者をそこに連れてくる。メンバーが仕事の効率をもっと上げたいと思っているときは、ＩＴの専門家に声をかけ、会社のテクノロジーの基盤となっている設備がいかに彼らのスケジュール管理を完璧にするために役立つのかを説明してもらう。

チームがプレゼンテーションのスキルを鍛え直したいと要求してきたとき、ロンはわたしにその様子を見せてくれた。現在開講中のスペイン語会話クラスを、そのチームのためだけにではなく、オフィス全体のために編成し直したのだ。なぜなら、ロンには、アメリカの人口構成の絶え間ない変化が、会社全体のセールス活動に大きな影響を及ぼしていることがわかっていたからだ。さらにロンはお薦めのポッドキャスト、ウェブサイト、ニュースレターそしてユーチューブのチャンネルなど、世の中で手に入る資源すべてのリストも持っている。

これらはみな、情報であふれているのだ。

ロンは、学習をチームの一員として残るための要件のひとつにした。個々のメンバーが成長し、そのスキルを伸ばし、自己最高の能力を発揮できる機会を生み出している。

そうすると、あなたはこんな疑問を持つかもしれない。ロンがそれほどの努力をしているにしても（ギデオン大学の場合と同じように、大変な努力をしている）、その見返りは一体何なのか？

ロンのチームにいるセールスのプロはみな、100万ドルのセールスパーソンか、そうなろうとしている人かのどちらかだ。ロン本人もまた、自分が設けたプログラムによって、もっとスマートになりスキルもあがり、社内と金融業界の両方で人望のある専門家に成長している。

学習には本物の価値がある。クライアントと仲間の両方を成長させてくれる。そしてその見返りはといえば、業績の向上だ。

スマートになろう

われわれが学習を話題にするときは、自分自身も学習を続けることを忘れないように。わたしが調査した100万ドルプレーヤーはみな共通して、たえずよりスマートになろう、知識を豊富にしようと必死に努力していた。なぜか？　賢くなればなるほど、売上がついてくるからだ。

恐ろしいほどのスピードで変化しているような世界にいて、こうしたプロには、正規の学校教育が終わっても学習を続けなければならないことがわかっている（卒業がなぜ〝コメンスメント〟と呼ばれるのか、わかっている？　このことばは〝始める〟という意味の〝コメンス〟から来ている。あなたの学習人生は始まったばかりだと思い起こさせるためだ）。学習は、公認のフィナンシャルプランナー、公認不動産業者、またその他のスペシャリストになるため必要になる継続的な専門教育までで終わらせてはならない。

われわれの知識は、あくまで一時的なものであり、次々に新しい情報が手に入るようになるだけに、学習するスキルを維持することが重要になる。このスキルを活かせれば、常に豊富な知識と強力な競争力両方の持ち主の立場を維持しながら、キャリアの階段を昇っていけるのだ。

秘密

その10

オフィスの外に出よう

わたしはクルマに酔い始めていた。スタンはサンフランシスコの曲がりくねった道を右に左にハンドルを切っている。わたしはシートに座ってメモをとっていた。それが条件だった。スタンにインタビューしたいなら、ミーティングの合間に移動するクルマでなら受けるという話になっていたのだ。

スタンが約束した相手と会う前に、毎回、わたしを最寄りのスターバックスに降ろし、それが終わるとまたわたしを迎えに来る。こうしてわたしはインタビューが続けられた。納得のいく解決策だろう。インタビュー依頼にあれこれ条件をつけてきた100万ドルプレーヤーは、スタンが初めてではなかった。

「じゃあ、ここで」。角のスターバックスの近くに二重駐車しながら、スタンは言った。わたしはやっとクルマから解放され、スタンの答を復習する時間ができたことを感謝した。

スタンは、わたしがインタビューしたすご腕の中では、年齢が上のほうのひとりだった。60歳の時点で、それまで何年もの間最高の業績をあげ、しかもその勢いが衰える様子は全くなかった。スタンが売っていたのは専門家賠償責任保険。クライアントから訴訟を起こされたプロのコンサルタントを守る保険だ。スタンが売りこむ相手は弁護士、会計士そして会社の役員など。また医療過誤保険は医師に販売していた。さらにデータ喪失の事故に逢った企業を対象にしたサイバー責任保険まで扱っている。この業界のニッチな商品専門に25年以上携わり、保険に精通していた。

スタンはまた、クライアントと直接会って意思の疎通を図る専門家でもあった。瞬時に連絡がとれる現代の世界からすれば、これは旧態依然のように思える。誰が何と言おうと、われわれは24時間365日、エレクトロニクスの恩恵に浴している相手と連絡がとれる既存の手段によって、つながっているのだから。携帯メールや電子メールをやりとりする。相手と握手をする代わりに、われわれはSNSの投稿にいいねと言う。電話ですら、時代遅れになっていく一方だ。クリエイティブ・ベンチャーズでは、常にクライアントに対して「ご連絡を差し上げるのに一番いい方法は何でしょうか?」と訊いている。電話〝以外〟の方法を選ぶ人の数が増える一方だ。

販売動向の調査が何度も繰り返されることが、個人的なミーティングの消滅につながっている。会社は言う、金がかかりすぎる、セールスパーソンを使える状態にしておきたい(〝オフィスの外に出ている〟は〝使えない〟という意味ではない!)。わたしがたまたま目にしたある統計によれば、現代のセールスパーソンが面談に割いている時間は、わずかに7パーセントらしい。

これを見てスタンは間違いなくこう言うだろう。「だから、彼らは平均的な人間のままなんですよ」。

「なぜ、十分な時間をかけて自分のクライアントを見つめようとするセールスパーソンが増えないのか、わたしにはわかりません」とスタンは言った。「でも増えない方が嬉しいですね。わたしにとってはとても好都合ですから」。

秘密その10に、説明はいらないだろう。インタビューをするたびに、最高のセールスはみな共通して、対面での面会に対する強いこだわりを見せていた。オフィスの外に出ることが、プロのセールスパーソンにとって日課の一部になっているはずだ。しかし、現状は相も変わらずで、日課にはなっていないのだ。

つまり、あなたがスタンのようなセールスのスーパースターでなければ、日課にはなっていない、ということだ。ジョンもスタンと同じだ。マイアミの商業用不動産の仲介人で、クライアントとの間にさりげなく感情的なつながりをつくるために、短時間でも個人的な面談をしている。サニー（重要秘密その1シンプルにする、で紹介した）もそうだ。ジャガーとランドローバーの販売店で働くすご腕で、折に触れてクライアントを訪ね、納車した新しいクルマの調子を確認している、とわたしに明かしてくれている。

サニーは取引をした人一人ひとりと個人的な関係をつくり上げており、そのクライアントの家を通りかかったとき、その前にクルマがとまっているのを目にすると、ちょっとことばを交わしに立ち寄るのだ、という。

白状すれば、サニーがこの話をしてくれとき、わたしはほんとうに驚いた。なぜ、100万ドルを売り上げるクルマのセールスパーソンが、わざわざオフィスから出かけて、もちろん時間もかかるのに、ひとりのクライアントに会いにいくのだろうか？ 要するに、クルマの購入というのは、クライアントが〝セールスパーソン〟に会いに行こうとするお互いの交流の中で生まれる行為のひとつなのだ。

しかし、サニーは自分の訪問の持つ力がよくわかっていた。サニーにとって（スタンにとっても同じ）、直接の面会は時間の浪費ではなかった。それは考え抜かれた時間への執着であり、最高のすご腕は、この時間の使い方こそ他に代わるものがないと言っている。

このサニーの訪問を、クルマの購入者の視点から考えてみよう。〝驚いたな、この男の気配りは。わたしの様子を見るために家に立ち寄ってくれるんだから〟。この人がもう一台ジャガーを購入しようとすれば、どこへ行くだろうか？ サニーからランドローバーを買ったクライアントが、カントリークラブで仲間と後半の9ホールを回りながらクルマの話をしたときに、出てくるのは誰の名前だろう？

その通り。サニーの名前だ。だからこそ、サニーから買うクルマが一台で終わらないクライアントがたくさんいるのだ。何年もの間、彼らは2台、3台とクルマを購入したり、家族全員がサニーからクルマを買ったりしている。

一対一の面談が、なぜ成功を決定的に左右するのかと言えば、すでに述べたように、あまりにも多くのセールスパーソンが、自らの力ではどうにもならないさまざまな障害に遭遇するから、というのがその答のひとつだ。医薬品業界では、ある有名ブランドの薬とそのジェネリック薬との間に薬効の面で大きな差がない、あるいは競争相手からよく似た代替薬が出ている、という話がよくある。自動車の場合には、所有者が自分のクルマに飽きた、欲しいクルマを、たくさんのブランドの中からいくらでも選べる、そんな厳しい状況になるのだ。

不動産業界の場合、リースにしても買い取りにしてもクライアントが選択できる物件は限られている。しかし、彼らが依頼できる仲介人はほぼ無制限に選べると言えるだろう。彼らにはどうしようもできないこれらの変数を頭に置きながら、これらの業界トップのセールスパーソンは、自分がコントロールできる対象だけに集中する。

アルマンデが言うように「契約を破棄するのは簡単、しかし人間関係を破棄するのは反対にとても難しい」。

このアルマンデは、大きくて美しいオフィスタワーのスペースをリースする専門家で、一対一の面会を自分の〝セールスプロセスの超接着剤〟と呼んでいる。「面会をすることで、あらゆるものをひとつにつなぎ合わせている」。その売り物であるオフィススペースは、基本的に世の中のどこにでもあるようなものだ。「けれども、わたしはふたりといませんよ」。

と言う。

アルマンデが特別である理由は、そのクライアントサービスにある。そして一対一の面会をうまく活用して、クライアントにその事実を思い起こさせている。アルマンデは面談を〝感情的に響き合うポイント〟つまり、互いのつながりが再び強くなる瞬間として大切にしている。

ここまでくると、こうした一対一の面談は長く続ける必要はない。サニーは、あっという間の〝おだやかな接遇〟の面談で、無料のオイル交換券や『カーアンドドライバー』誌の最新号を進呈している。スタンの面談の場合は、それより少しばかり長くなる。というのも、細かい仕様の話になるからだ（「わたしどもは補償内容を少し手直ししました。そのほうが、条件が有利になると思いましたので」）。

アルマンデは、意図的にその仕事場に立ち寄り手短に最新の情報を伝えることによって、クライアントと響き合う。その場で、クライアントの新しい本社の会議室に入れる特注のウォールナットの高級家具について相談することもある。自らが値引き交渉をした引っ越し業者を薦めることもある。もちろん、この種の仕事は電話でもできる。しかし、アルマンデは労を惜しまず、自分の手で自ら仕事を進めるほうをとっている。このちょっとした〝響き合い〟のおかげで、人間関係が強固になるのだ。すばらしい！

ピーン！

ソナーは音波によって物体の位置を割り出す装置だ。音波を発射し、その波が何かに当たり、そこから反射してくるのを待てば、その位置が特定できる。軍が使っているし、コウモリもそうだ。

わたしが住んでいるテキサス州オースティンは、150万羽ものメキシコオヒキコウモリの生息地で、町の中心部にあるコングレス・アベニュー・ブリッジの下で巨大な群れになっている。夏になると毎晩、このコウモリは橋の下から飛び立ち、巨大な雲のような大群になって、餌となる昆虫を探す。この光景が観光客や地元の人たちの呼び物となり、毎晩、見物のパーティーを開くための口実になっている（オースティンではいつもパーティー三昧だ）。コウモリは音を頼りに飛ぶ。昆虫、たいていは蚊、を探すときには、われわれには聞き取れない音を出す。そうした音の波が虫に当たると、コウモリには餌のありかがわかるというわけだ。コウモリの視力はあまりよくない。しかし、周囲のものを検知する〝達人〟だ。あなたがクライアントと〝響き合う〟のは、クライアントの存在を自分自身で確認するためであり、同時に、クライアントもあなたを確認していることを思い起こそう。

アルマンデ、スタン、サニーをはじめとして、定期的にオフィスの外に出るすご腕の人た

10

ちは、一対一の面会における人間的な交流に関してMIT（マサチューセッツ工科大学）の研究者の究明したことが、直感的にわかっているのだ。個人的に顔を合わせるとき、あなたは、テレビ電話や携帯メールまた電子メールなどでは不可能なあらゆる種類の知覚情報を吸収するのだ。

コミュニケーションは、クライアントが口頭で表現しているものだけには留まらない。そこには意識的無意識的なボディーランゲージもある。アルマンデはわたしにこう語ってくれた。「わたしがクライアントと個人的に会っているとき、彼らはまず〝わたし〟を見て、それからわたしの売っているものを見ます。もし、わたしが他の方法で彼らと接触する場合、つまりもし、わたしがエレクトロニクスによる接触点だけに頼った場合には、彼らはまず物件を見、そのあとでわたしを見ます」。もしアルマンデの仕事ぶりが適切なら、その取引の主役になるのは「彼」であって、ぴかぴかのガラスの外壁でもなければ、超モダンな受付ロビーでもない。

これはほんとうだ。すべての製品やサービスにこの特別な個人的気配りが必要だとは限らない。クライアントの中には、自分がどんな種類のサービスを受けていようと、関係なく、会社やブランドを常にひいきにする人がいるものだ。アルマンデがわたしにこんな話をしてくれた。「買うのはアップルの製品だけ、飲むのはドクター・ペッパーだけ（そう、わたしと嗜好が同じ人だ）という人はいるものです」。そして続けた、オフィスの賃貸という競争の激しい世界では、「わたしがお金を使うのは、わたしの周りで展開されている人間関係のためです」。

「オフィスの外に出よう」は、あまりにも新人向けのアドバイスで、当然、あなたはセールスパーソンの日課の一部だと思うだろう（〝明々白々の真実〟のもうひとつの例だ。これは秘密その6自分の〝好き〟の基盤を構築する、で紹介した）。しかし実際のところは、いまだに標準的な習慣にはなっていない。つまりこれは、このアドバイスを実践しているセールスパーソンは、自動的に優位な立場になるという意味だ。

もし、一対一の面会ができないような種類のセールスにあなたが携わっているなら、あるいは、あなたの会社が業績にこだわる従業員よりも机の前にいる人のほうを評価しているなら、その会社を辞めるか、あるいは、少なくとも会社のビルから抜け出せる立場に昇進できるように、仕事をする必要があるだろう。

それを現実にするために、個人同士のコミュニケーションのスキル（厳重要秘密その4まず、友達をつくろうと、秘密その8話すのをやめて、聞く、から始めるのが適当だ）と、プレゼンテーションのスキル（秘密その7見ればわかるようにする、を参照）に磨きをかけよう。もしあなたが、立場が上のセールスパーソンの助手として仕事をしているなら、あなたの上司に、そのセールスパーソンがおこなっている一対一の面会に、見学するだけだから同席してもよいかと尋ねてみよう。そのうちに、もし、ある職位に空きができたら、そのとき

10

はあなたの番だ。

ほんとうに得をするためには、一対一の面会を上手にこなさなければならない。個人的に会う機会を成功させる秘密は、単に、その約束の機会を最優先にする、あるいはランチに適した場所を見つけるといったことだけではない。

すご腕の人の場合、成功させる秘密は調査にある。サニーの場合には、訪問したとき「おクルマの調子はいかがですか？」と尋ねている。しかし、本人にはあらかじめその答がわかっている。なぜなら、事前にそのクルマの整備記録を確認しているからだ。

スタンは言う「わたしはクライアントの時間を無駄にはできません。そうでないと、二度と会ってもらえなくなります」。そして笑ってこう続けた「わたしの競争相手は、訪問先に向かうエレベーターの中で準備する場合がほとんどです」。

クローズアップに備えよう

事前の準備なしに一対一の面会に臨むようなセールスのトッププロはひとりもいない。わたしがインタビューしているときに集めた面会の秘訣は以下の通り。

面会の相手はどんな人か？　これから会う人個人のことをどの程度知っているのか？　お馴染みの手を使ってみよう。たとえばグーグル、フェイスブック、リンクトイン。〝ジェイダ〟あるいは〝ジェレミー〟のことを知れば知るほど、生産的な会話をするためのよい材料を仕入れられる。ちなみに、この生産的な会話というのは、ふたりが個人的に本音で話すときに生まれてくるものだ。

もしクライアントのプロフィールにジェット戦闘機の写真が入っていたら、その人は軍関係の経歴の持ち主かもしれない。もしクライアントが米国動物愛護協会のボランティアで、たまたまあなたが救助犬を受け入れていたら、念のため、その犬のスナップを用意しておこう。

その人の勤務先はどこか？　大きな組織で働いている可能性が高いときには、その組織に関する知識は簡単に手に入る。その会社の業績は？　財務状況は安定しているか、あるいは、利益は過去の話に過ぎないのか？　その組織は、購入の決断のすばやいことで知られている存在か？　その会社はマーケットでどのように評価されているのか？　老舗企業か、それとも『ワイヤード』の記事で紹介されていたところか？　ところで、あなたの会社のことについても、こうしたことをすべて知っておくとよいだろう。

クライアントにはどれほど時間があるか？　時間はほんとうに大切だ。あなたがクライアントの忙しいスケジュールに真摯に気を配れば、クライアントもあなたのスケジュールを気にしてくれる。事前に会って話をする時間を把握しておこう、そして時間厳守を徹底しよう。もしクライアントのほうからもっと時間がほしいと言うときには、ミーティングの時間を延長してもらえばよい。

プロットとは何か？〝プロット〟は、〝プラン〟とは別物だ。プランとは販売成立の場合のように、何かをなし遂げるための詳細な提案だ。プロットとは、オフィスの外に出ておこなうミーティングの理由づけのことだ。とにかくひとつ必要だ。たとえ、何気なく立ち寄って、ほんの一瞬クライアントのクルマのことを尋ねるとしてもだ。

それがセールスの時間であることを決して忘れないように。そしてもし、人と一対一で会うための真っ当な理由がない、あるいは、その理由を思いつかないなら、そのときはただの時間の浪費で終わってしまう。ちょっと立ち寄って、ジェレミーにこんにちはと声をかけようと考える、そんなのはプロットではない。ちょっと立ち寄って無料の洗車券を手渡す、そしてそこでジェレミーにあいさつをするのが、プロットというものだ。

あなたは今日、他にどんなミーティングにもぐりこめるのか？　スタンと一緒に次々に面談をこなしていくうち、わたしは気がついた。つまり、優秀なセールスパーソンは外出する日のスケジュールを軍の将官のように、時間と地理を効率的に考えながら組んでいる。一日一日を行動予定で埋め、流れるように次々にミーティングをこなしながら、それでも常にプランB、予定変更の際の代替案を用意している。

もし、あるクライアントが約束をドタキャンしたとしても、スタンには、その同じオフィスに、今いくから会ってもらえるかと声をかけられる代わりの人物がいるのだ。

あなたが今、着ているのは何？　マーク・ザッカーバーグはパーカーを着ていても許される。しかし、他の人たちの場合、セールス活動にはそれとわかる制服があり、おそらくそれは、男性女性に関係なく、スーツだろう。成功するために、身なりを整えよう。

すご腕の人たちはオフィスを飛び出す。彼らは全国の幹線道路、列車そして空港に出没する。あなたもそうすべきだ。考えてみよう、自分のビジネスを構築するための人間関係が必要だ、売っている製品やサービスを越えたところでつながっている必要がある、クライアントに自分が必要と思ってほしい、などなど。こうしたことが、キーボードを叩くだけで実現できるのだろうか？

できるわけがない。個人的な接触と、それをセールスのプロセスに活かす大切さを理解するかどうかは、平均的なセールスパーソンになるか、それとも卓越したセールスパーソンになるかの大きな別れ道だ。われわれの地球的な広がりの中でも、直接顔を合わせる時間は必要だ。握手も必要だ。相手の笑顔を見ることも。人間的な接触も！

その11

秘書に好かれよう

「ピザはたった50ドルですよ」

「何だって？」とわたしは聞き返した。

「50ドルです」とT．C．。「それでわたしのクライアントのサポートスタッフ全員に配れるんです」。

T．C．（本名はトーマス。でも本人はイニシャルで通している）はちょうどランチの注文をして、そのクライアントのオフィスに配達してもらうよう頼んだところだった。その2日前すでに、T．C．は簡単な予告のメモをこのクライアントの受付係、マギーに手渡していた。

T．C．はマギーと旧知の間柄だ。しかもマギーの夫や家族のことまでよく知っている。たとえば、マギーは大の音楽好きで、その子どもはフットボール命だということも。そしてマギーは、T．C．の噂を広める名人で、オフィス中にこんなニュースを流していた「水曜日は、誰もランチを持って来ないで。T．C．がみんなに宅配ピザをおごってくれるから」。

T.C.は、金融サービス商品の卸売人で、これまで5年間、定期的にそのクライアントのサポートスタッフにランチタイムのピザパーティーをおごっている。これがわたしのインタビューの相手の多くが実践している戦術のT.C.版だ。つまり、こういうことだ。100万ドルプレーヤーは、セールスの関係をつくっていく過程で、相手の組織のトップで意思決定を下せる人だけに狙いを定めるのではない。彼らは、組織の下の階層にいる人たちに対しても、時間を使い、気を配っている。それはたとえば、受付担当者、アシスタント、秘書さらには、購買の権限を持っている役員の予定を管理しているゲートキーパーといった人たちだ。

ゲートキーパーは責任感が非常に強い。

もし、あなたの仕事がセールスなら、こうした人たちをなんとか避ける戦略をいくつか練り上げてきたことだろう。〝ゲートキーパーを出し抜く〟〝ゲートキーパーをすり抜ける〟、その他、ウェストポイント(米国陸軍士官学校)で学ぶ戦術のように聞こえる作戦行動を、巧みに実行する方法を教えてくれる、そんな書籍や記事、ウェブセミナー、講座などが世の中には存在している。

ゲートキーパーは、販売の成功にとって大きな障害だと思われている。彼らを敵だと思っているセールスパーソンの数は多いのだ。

しかも、ゲートキーパーの数も〝多い〟。意思決定をする人が最終的に注文書にサインをし終える前に、交渉した人たち全員のことを考えよう。次のことは間違いない。相手はひとりではない。たとえ、不思議な運命の紆余曲折を経て、最終意思決定者とセールスの交渉を始めたとしても、法務担当者、購買担当者、管理担当者、さらにはほぼ間違いなく、意思決定者の直接の部下として働いているアシスタントや受付担当者とも、交渉する余地がまだ残っているのだ。あなたと彼らが振り出す小切手との間には、実に多くの人が介在している。だからもしこうした人たちを邪魔者扱いすると、最初から気持ちがとても好戦的になる。だから売りこみの電話をする気になれない。

だからこんな風に考える「あのアシスタントを視界から消してしまう方策を思いつかないと」。そこで、ゲートキーパーを、粉砕すべき障壁、あるいは回避すべき障害と思うのとは反対に、彼らと友人になったとしたらどうだろう？

ランチどきに大いに稼いでいるピザレストランなどないに等しいという話を聞いて、T. C. は閃いた。この情報をテコに、地元の小さな家族経営のレストランに出向いて、ひとつの取引条件を提示した。

具体的には、このレストランがT. C. からの注文に対して割引価格で応じるなら、毎週、ある数量の注文を出す、という条件だ（T. C. の代表的な話法はこうだ。各オフィスあてに、おいしいパイを付けて割引券を送れば、どれほどそのレストランの売上が伸びるものなのか、そうすれば、いつかはそこで働いている人たちが自分の財布で食べに来てくれる、ということを説明するのだ）。

そのピザ屋のオーナーは、このチャンスに飛びついた。それ以来、両者の関係はしっかりと続いている。T．C．はピザをオフィスに配達してもらうときもあれば、自分で配達してそこのスタッフと一緒にランチをとるときもある。このT．C．のいつも変わらない思いやりの姿勢のおかげで、本人がかける電話は、間違いなく、必ず取り次いでもらえるのだ。

「ナンバー2に気をつける」のはゲートキーパーを自分の頭の中で再構成するところから始まる。これこそまさに、ケリーがしていることだ。

ケリーはわたしが話を聞いた人たちのひとりで、医薬品のセールスパーソンとして大成功をおさめている。わたしにこんな話をしてくれた。「まず、自分自身と実際の販売との間に存在している人たちへの見方を変えるのです。彼らは〝障壁〟ではありません。〝濾過器〟なのです。販売活動の一部です」。

ケリーの認識は、どのセールス活動でもそこにかかわってくる人はたくさんいる、そしてそうした人たちにケリーの仕事を妨げようとする意図はない、ということだ。彼らのことを二流のプレーヤーだなどとも思っていない。「わたしの目には、下の階層など存在しません。一人ひとりが大きな仕事の責任の一端を担っているのですから」と語ってくれた。

この考えを頭に置きながら、ケリーは彼らを〝味方につけて〟仕事を始める。敵に回すようなまねはしない。

ケリーが仕事をしている地域は、米国の北東地方だ。販売活動の相手である診療所や病院では、マギーのような受付担当者だけではなく、乗り越えていかなければならないゲートキーパーの層が何層にもなっている。どの部門にも、たいてい意思決定者との接触を妨げる人たちがいるものだ。しかもそうした人たちの多くは、普段サポートや管理の立場で仕事をしているおかげで、セールスパーソンと意思決定者との間に割りこんで障害になる、という役割があることさえわかっていない。

彼らは、自分たちの仕事は、ボスの時間の番をすることだと理解しているに過ぎない。そもそも、病院というところは、巨大な官僚的組織だ。

ケリーが言うには、「実権を持っている購買者の下にある階層は、非常に混沌としていて、見きわめるのがとにかく困難。売買契約にまでこぎつける過程で、数えきれないほどのゲートキーパーとやりとりをしなければなりません」。ケリーはその哲学のおかげで、実に多くの立場の人たちをかわそうとすることから生まれる、そんなイライラとは無縁でいられるのだ。

だから仕事をますます楽しんでいる。売りこみの電話をする仕事を嫌がっていない。楽しんでいる。なぜなら、友だちづくりにはげみ、そしてその友だちとつき合っているからだ。

どのようにして、この魔法を働かせているのだろうか？

「戦略を立てればいいんですよ」とケリー。

その戦略を紹介しよう。

〝最初の出会いから始めよう〟 最初に会うゲートキーパーはたいてい、受付担当者だろう。彼らのことをよく調べておこう。ケリーのアドバイスはこうだ「とにもかくにもたっぷり時間をかけて彼らのことを理解するべきです」。その人の上には何段もの階層があることなど全く気にしなくていい、と言う。

ケリーは大半のクライアントの受付担当者と互いにファーストネームで呼び合う仲で、新しい受付担当が入ってくると、すぐにその名前を頭に入れる。あなたの目には、受付担当者が最も重要なゲートキーパーと映らないかもしれないし、あなたがセールスパーソンかどうかを判断する責任などないのかもしれない。

しかし、とケリーは言う。「わたしがドアを開けると、受付担当者が〝やぁ、ケリー!〟と声をかけてくれる、そこにほんとうの価値があるんです」。どの階層のゲートキーパーともファーストネームで呼び合う仲になれれば、お互いに友だちとしてもっと親しくつき合えるようになるのだ。

〝ラインアップ(打順)・カード〟をつくろう ケリーは、得意先の病院や診療所のスタッフを、野球のチームに置き換えて考えている。そしてそのプレーヤー一人ひとりの統計資料を用意しているのだ。インターネット検索や、電話さらには個人的な交流などから情報を手に入れ、それらを活用する。プレーヤーの動向を常に把握し(鉛筆書きだ。なぜなら、ラインアップは絶えず変わっているからだ)、個々のプレーヤーの横には詳しいメモを付けている。毎回、訪問する前には必ず、そのラインアップ・カードに目を通す。この作業のおかげで、ケリーはスタッフの人たちのこともファーストネームで呼べるのだ。

〝誰に対しても、必ず礼を尽くそう〟 「あるCEOがわたしにこう言ったことがあります。〝君と会って話しているのは、わたしのチームの誰に対してもすばらしい姿勢で接してくれているからだ〟」。さらにケリーは続けた「わたしは自分が何か特別なことをしたのか思い出そうとしました。けれども振り返ってみて、それは素直に尊敬の気持ちを表したことだったのでしょう」。

普通のセールスパーソンの場合には、次の事実を認識していないかもしれない。つまり、どんな人に対してもていねいに接することが、相手も間違いなくあなたにていねいに接してくれるようにもっていくための最高の方法だ、ということだ。このことを、今度、料理が冷めているからとウェイターを呼びつけたくなったそのときに、考えてみよう。温め直してもらったその料理とあなたの間に入る最後の人は誰だと思う?

〝聞く耳を持とう〟 もしゲートキーパーを味方につけたいなら、彼らが話す内容に注意を払う術を身につけよう。ケリーは言う「チームの誰もがたっぷりと情報を持っています。何をさておいても、相手の話に耳を傾けることによって、間違いなく販売につながる道筋に関する情報を吸収しています」。(聞く耳を持つ、ということについては、秘密その8話すのを

やめて、聞く、を参照）

ケリーはこんな真っ当な発想をしている。つまり、クライアントのサポートスタッフを味方につけよう、そうすれば目的を達成できる、という発想だ。

このプロセスには時間がかかる。「けれども、大きな病院は、セールスの宝の山ですよ」とケリーは言う。「もしひとつでも製品が売れるなら、時間への投資には価値があります。その製品が、わたしたちのカタログに載っているすべての医薬品を売りこむ突破口になるからです」。

電子メールの柔術

〝電子メールの柔術〟わたしはこのことばが好きだ。不動産仲介人のマーティから聞いたことばだ。柔術は接近して組み合う日本の武術だ。マーティはそれを、一通の電子メールが次々につながっていく、そんな現象を説明するためのたとえとして使っている。つまり、いやになるほど際限なくやりとりが繰り返されるコミュニケーションで、取っ組み合いの試合のような様相を見せ始める、というのだ。

とはいえ、マーティは、とくにスタッフをサポートするために、電子メールをスマートに使いこなす専門家だ。たとえば、ある電子メールの往復が3回を越えたら、メールをやめて電話する。自分が送信するメールに書く文章は、3つまでにとどめている。

なぜなら、内容を短くまとめたほうが、よく相手に読んでもらえるし、答えもすばやく返ってくる傾向があるからだ。電子メールのごたごたを避けるための秘訣をいくつか以下に紹介してみよう。

売りこみのために電子メールを使ってはならない　自分の時間の大半を割いてメールを書いている相手は、権限を持っている人のサポートスタッフであって、購買担当者や意思決定者ではない、という事実を思い出そう。メールを使って長い売りこみの文句を書きつらねることは禁物だ。それよりも、セールスの過程で次の段階に進むために、メールを戦略的に活用しよう。

全員にコピーを送る　電子メールの内容が秘密でなければ、サポートチームの全員にCCしよう。そうすれば、彼らは一緒に仕事をしている気分になる。もし彼らにその気がなければ、そのように知らせてくるだろう。

意思決定者のサポートスタッフだけが、あなたの意識しなければならないゲートキーパーではない。ここで、防衛しようとする多種多様な人たちとのつき合い方を説明してくれる人物、トレイを紹介しよう。

メルセデス・ベンツのセールスパーソンで、この道一筋の人生を送ってきた。身につけた知識はすべて父親からで、子ども時代の初めての仕事は、父親の自動車販売店での洗車だった。以来、ひたすら前進を続けてきた。こんな風に明かしている「とにかくクルマを売るのを仕事にしたいと思っていました。子どものときでも、新車を買ったクライアントが、運転して駐車場から出て行く、そのときの目が輝いているのがわかりましたから」。

ここで、あなたは、トレイが紹介されるのは、他の章ではないかと思っているかもしれない。クルマの販売で、なぜゲートキーパーと付き合う必要があるのか？　でもちょっと待ってほしい。ここはトレイの出番なのだ。

「クルマ選びにやって来るカップルの数の多さにびっくりなさるかもしれません」とトレイはわたしのインタビューに答えた。カップルで来る買い手との、たとえば夫婦との交渉には、ひとりの客との交渉とは全く違った戦略が必要になる。

トレイに言わせれば、その理由はこうだ「カップルの中には常に〝ノー〟の気持ちがあります。カップルの片方にクルマを決める主導権があるのですが、もうひとりのほうが、違うクルマがよいと言い張ることがよくあります」。それが顕著なのは、とトレイは続ける、とくに目をつけたクルマの価格が5万ドル以上になるときだ。

そこで、トレイはカップルがショールームに足を踏み入れた瞬間に、まずあいさつをして、第2の階層への働きかけを始める。自分のほうから声をかけて、自己紹介をする。そして両方の人と握手。「相手は男と女のふたり連れだと考えるのをやめるのです。ふたりは生涯の友だち、そしてそれより何より、生涯のクライアントだと考えるんです」。

「よろしければご説明いたしますが」

「わたしの父は、初めて声をかけるときに決して〝よろしければご説明いたしますが〟とは言うな」と教えてくれました。これは賢明なアドバイスだ。〝誰でも〟新車のショールームでは店の人の話が聞きたいものだ。トレイのセリフはこうだ「ようこそ、おいでくださいました」。

「よろしければご説明いたしますが」をあいさつに使わないのは、たいていどんな販売状況のもとでも、よいアイデアだと言える。誰かに向かって説明しようかと尋ねると、それは会話が続かなくなる問いかけになってしまう。相手は即座にノーと答える場合があるからだ。見こみ客が、その問いかけを嫌うと、あなたは分の悪い立場に陥る。

次に、トレイはひたすら相手の話を聞く。そうして、彼ら自身の言いたいことを言ってもらう。するとすぐに、どちらにクルマを買う主導権があるのか、どちらが（前向きの姿勢の、あるいは抵抗している）パートナーなのかが判別できる。

そしてこのときから、このパートナーの気持ちをハッピーにする作業にとりかかる。「父は決して反対の意見に逆らうなと言っていました。その代わりに、簡単な質問をひとつだけしろと。つまり〝もっとその話をお伺いしたいですね〟と水を向けるのです」とトレイは言う。「もし、しっかりと相手の話が聞ければ、その否定的な意見の中にも、次のステップが見えてくるかもしれないのですから」。

その次のステップにあなたは驚かされるかもしれない。

あるカップルが特定のモデル、たとえばセダン、と決め打ちでやって来て、結局最後には、全く違ったクルマ、たとえばスポーティーな2シーターに乗って帰るということもあるらしい。でもトレイにしてみれば、これは驚くような話ではない。クルマを買うという行為は、単に、実利一点張りのものではないことが、トレイはよくわかっている。それはまた、感情的情緒的な行為なのだ。

「ふたりの両方の話を上手に聞ければ、柔軟に決心を変えられる気持ちの余裕を彼らに与えられることを学びました」とトレイは言う。トレイのゴールは、意思決定者が破顔一笑するほどめがねに叶ったメルセデスを見つけてもらうこと、そして2番目の階層の人には最低でも、笑顔でその決断を受け入れてもらえるようにすることだ。

T．C．、ケリーそしてトレイのようなセールスのすご腕は、販売というものは人の階層の上にはじめて成り立つのだということを十分に理解している。彼らは意思決定者のはるか上を行く人間関係を構築している。ゲートキーパーをやっかい者だと考えるのはやめよう。

彼らを尊重し十分な心配りをしよう、そうすれば、自分がファーストネームで呼ばれることにどんなに価値があるのか、わかるだろう。

秘密

その12

お得意様を囲いこもう

人類は、食物連鎖の一番上にいるのかもしれない。しかし、シロナガスクジラが地球上のほんとうのゴリアテ＝巨人だ。世界の歴史上、大きさ重さの点で、シロナガスクジラを上回る生物は全く存在しない。恐竜でも及ばない。その心臓だけでも重さは１０００ポンド（約４５０キログラム）。発生する低周ｄｓ波の音は海中を何マイルも到達する。地球上で最も大きな音を出す動物なのだ。

トップ・プレーヤーが自分の最も大切なクライアントを〝クジラ〟と呼んでも、それは当然のことなのかもしれない。クジラは最も大口でそして最も声の大きなクライアントであり、あなたと会社の両方に最高の売上をもたらしてくれるからだ。

クジラは80対20の法則と言われる方程式に当てはめると、20パーセントのほうに入る。この法則では、全売上高の80パーセントは、20パーセントのクライアントから持たされるとなっている。クジラを囲いこむというのは、下位の80パーセントを占める小さな魚よりも、上位20パーセントの大口クライアントのほうに、多くの時間を使い気を配る、という意味だ。

パレートの法則

80対20の法則、別名パレートの法則を考え出したのは、イタリアの経済学者ヴィルフレド・パレードだ。1890年代のイタリアで、富の分配を研究していたときこの法則にいきついた。つまり、パレートは、国の富の約80パーセントが、人口のわずか20パーセントの人たちのところに集まっている事実に気がついたのだ。パレートの法則が科学的事実でないにもかかわらず、経済学以外にも多くの分野でこの例が存在する。

20世紀の半ばに行なわれた製造現場における品質管理の研究で、経営コンサルタントのジョセフ・M・ジュランは、製品にかかわる問題の80パーセントは、全製品のうち、その20パーセントを占める製品が持っている欠陥によるものだと結論づけた。

2002年、マイクロソフトは〝ウィンドウズ〟とソフトウェアの〝オフィス〟で起こったクラッシュの原因の80パーセントは、検出されたシステムのバグ全体の約20パーセントにあることを明らかにした。

パレートは、自宅の庭でエンドウ豆の栽培をしているとき、豆のサヤの20パーセントから80パーセントの豆が収穫されていることも発見した。

80対20の法則の魅力は、エネルギーや関心の対象をどこにすればよいか、その大雑把なガイドを示してくれることだ。もしあなたのクライアントの20パーセントが売上高の80パーセントをもたらしてくれるのなら、彼らはまた、あなたの資源と関心の80パーセントを振り向ける対象にもなる。

わたしが実際にこの実態を把握したのは、J．J．という名の金融サービスのスーパースターがそのクジラを対象におこなった独自のイベントでのことだった。その会場にクリエイティブ・ベンチャーズが招かれて「われわれが映画を愛する理由」というストーリーテリングのプログラムを紹介した。それは平日の夜、ところはオースティンで、J．J．が家族とともに所有しているブティックの会社が地元の映画館を借り切り、そこをまるでハリウッドの一流映画館でおこなわれるプレミアショーの雰囲気に仕立て上げていたのだ。

スポットライトがあたっていた。地元の俳優が有名スターのように着飾っていた。この会社はリムジンを仕立てて出席者をオフィスにまで迎えにいき、会場では招待客の誰もがそれぞれオスカー像を手にして写真におさまった。この映画と娯楽の夕べは、決して小さな催しではない。この会社が四半期ごとに主催する一連のクライアント向けイベントの中で、当時最新のものだった。他にはゴルフ大会やワインの試飲会、料理教室などがある。それもこれもすべては、彼らのクライアント層における上位20パーセントの人たちへの、浮気をしない上得意客であったことに対する感謝の気持ちを表すのが目的だ。

J．J．は会社のトップ・プレーヤーで、その年間の売上成績によって、業界における最高の地位についていた。さらにJ．J．は、ひいきにしてくれている富裕な投資家のありがたみにいつも感謝していた。「彼らは、わたしの最高中の最高のクライアントです。つまり、わたしに成功をもたらしてくれた人たちです」と、劇場の入り口にふたりで立っていたとき、わたしに話してくれた。そのうちのひとりのクジラを指さしながら「あの人が、わたしにクライアントを3人紹介してくれたんです。その3人も会場に来ています」と言った。「3人とも、この劇場でポップコーンとペプシを振る舞うのにふさわしい人たちです」。

J．J．はとてもスマートだ。この集まりをクジラに感謝するための機会と捉えているだけでなく、同時にひとつところにクジラ全員を集めることで、彼らにとってもお互いにことばが交わせる有益な時間になるとも考えているのだ。「彼らにとっても互いに親しくなれる絶好の機会になります。このイベントがわたしからの大きな感謝の気持ちというだけではなく、彼ら自身のネットワークづくりのチャンスになるとも考えてもらえるのです」。J．J．にもうまみはある。つまり、個々のクジラに対して個別に行なうよりも、大人数のクジラを招いて大規模な感謝の会を一気に開催する方が、はるかに楽で負担が少なくなるのだ。

クライアントを順位付けして最高の人たちに報いる、というこのアイデアは、セールスに限って言えば、もはや一般的になっている。そして本書でもすでに述べたように、セールスはすでに長い年月にわたって存在している。航空会社、小売店そしてコーヒーハウスでさえも、最高のひいき客を選別している。つまり彼らに座席のアップグレードをしたり、現金還元をしたり、無料のラテを振る舞ったりしているのだ。セールスのプロとして、あなたはあるいはあなたの会社は、すでに、区分作業というプロセスで、売上高に応じた得意先のカテゴリー分けをすすめていることだろう。

あなたは、クライアントをA、B、Cのレベル、あるいはプラチナ、ゴールド、シルバーとして区分しているかもしれない。これらのグループを何と呼ぼうと構わない。ただし、区分作業の裏付けとなっているアイデアはふたつの要素に分けられる。ひとつ目は、小さなクライアントを刺激して、VIPの扱いを受ける立場になるために、あなたとの取引を増やすように持っていく。ふたつ目は、VIPのクライアントに、彼らの現在の(そして将来の!)取引に対して、あなたが評価し感謝していることをわかってもらう。そして究極のゴールは、一生涯続くクライアントの獲得だ。つまり、あなたが供給するサービスや製品を他に求めようという気を起こさないクライアントを、がっちりとつかむことだ。

クジラを囲いこむための最初のステップは、誰があなたにとってクジラなのかを見きわめることだ。セールス部門がこの種の情報を追跡している。自分たちにとって最高のクライアントが誰か正確に把握していないようなセールスパーソンは、珍しい存在だ。もし、あなたもそうだと言うなら、お願いだから、ただちに読むのをやめて、ボスのところにいって聞いてほしい。

すご腕のプレーヤーは常に次のようなツボを押さえた質問に答えられる。

自分のクライアントは誰か？

個々のクライアントは、製品・サービスのために何を費やすのか？

どのクライアントが、継続して最高の売上をもたらしてくれているのか？

こうした基本的な質問の他に、わたしの調査では、ひいきにしてもらっているクジラの好きなもの、嫌いなものそして個人的な特質のことを具体的に語れない、などという100万ドルのセールスパーソンはひとりもいなかった。わたしはよく、インタビューしている人たちに対して、さまざまな質問を投げかけることで、彼らのクジラに対する理解や知識をテストしていた。たとえば、あるセールスパーソンがマリアという上得意客のことを話し始めると、そこからわたしは意地悪なプロセスに入っていく。

マリアの髪は何色？

マリアはどこに住んでいるか？

結婚しているか？

配偶者の名前は何か？

子どもはいるか？

子どもの名前は何か？

マリアのことで何か興味深い話をしてほしい。

わたしがインタビューした人の中で、これらの質問をぶつけられて、答えられない質問があった人はひとりもいなかった。彼らの自分のクジラに関する知識は実に詳しかった。それは、強固で互いに収穫の多い関係があるからこそ得られた知識だった。そうした知識は、彼らの計画を進めるための次のステップへとつながっていく。つまり、クジラとのビジネスを確実に継続させるためにどれほどのコストがかかるのかを考えるのだ。資金、時間、経営資源あるいはこれら3つのすべてについて望ましい投資とは何か？　そして、それらからもっと多くの成果を上げるためには、どれほどの追加投資が必要なのか？

わずかな数のクライアントをさらに厚遇すると決めることは、あなたには不人情に思えるかもしれない。なんと言っても、一日の時間には限りがあり、あなたの持っている予算も限られているのだから、少人数のグループにもっと愛情を注げば、大人数のグループのほうに向かう愛情が少なくなるのは明らかだ。したがって、クジラを囲いこむ術を修得するための次のステップは、この種の罪悪感を克服し、あなたの経営資源を賢く配分することなのだ。

エリザベスを紹介しよう。金融サービス商品の卸売人で、シアトルにある美しいキャンパスのような環境のもとで仕事をしている。エリザベス、つまりリズは、80対20の法則の専門家だ。「わたしの最高のお得意が誰かはよくわかっています。だから、彼らに対してはそれにふさわしい接し方をしています」と語ってくれた。

大きな数字を稼ぎだすセールスのすご腕の例にもれず、エリザベスも販売したクライアントのことを、こと細かに把握している。すべてのクライアントと真剣に仕事をしながらも、クジラには特別な処遇をしていると断言する。普通の仕事のカレンダーとは別に、〝上得意〟カレンダーをつくっている。クジラの誕生日に印をつけてあるので、その日が来れば、できたてのクッキーとミルクを送れる（こんなグルメ向きの宅配サービスが存在している）のだ。クジラと初めて大きな取引をした日を記念日として印をつけておき、一年たったその日に一周年をお祝いする。また、ひいきにしてくれているクジラの名前で、貧困な家庭に感謝祭のディナーをプレゼントもしている。

ある時期、クライアントとはみな平等に付き合わなければならないという自分自身の信念との葛藤が続いた、と明かしてくれた。駆け出しのころはこの感情的にもおだやかな考え方に固執していた、ところが時間が経つうちに、それでは戦略的にはうまくいかないことに気がつきはじめたという。最高のクライアントに少しばかり軸足を移すと、彼らはリズの薦める金融商品を継続的に買ってくれるだけでなく、他の商品も買ってくれたり、新しいクライアントを紹介してくれたりする、そんなことに気がついた。こうしたクライアントを常に自分の世界の中心に据えることによって、新たなチャンスへの扉が開かれるのだ。

リズはこれを〝たわわに実る果物の戦略〟と呼んでいる。この戦略のおかげで、販売面で十分な見返りが期待できると言う。「でも、平等と公平との違いを理解するまでには長い時間がかかりました」。

トップ・セールスパーソンから、彼らが囲いこんでいるクジラのことを聞くと、よくこんな答えが返ってくる「クライアントには、わたしが対処しなければならない問題はありません」。もし上位20パーセントのクライアントが助けを求めているなら、100万ドルプレーヤーはすぐに自分のしていることをやめて、そのクライアントに力を貸す方法を考え出す。もしそれが、夜遅くまで起きる、あるいは週末を通して仕事をするということなら、すぐに実行。もし、飛行機に飛び乗る、ということであれば、すぐに実行。

インタビューした人たちがクジラに対して特別に思い入れをするのは、億万ドルのクライアントを数人抱えているという、まさにその状況のおかげで、全体として確保するクライアントの数がそれほど多くなくてもすむ、ということもある。貴重な時間を割かなければいけないクライアントの数が少なければ少ないほど、自分が求めている対象としてぴったりのクライアントに専念できる。M．J．という名の金融サービスのすご腕は、わたしにこの点を強調してくれた。その富裕層のクライアント名簿は、M．J．にとって、彼らを常にハッピーにする方策を考えようとする努力に十分見合うものなのだ。（OK。実際にこんな風に打ち明けている。業界のカンファレンスの席で他のセールパーソンから学んだたくさんのアイデアを〝盗んでいる〟と言う。そしてそのアイデアを、自分自身のスタイルやマーケットに応用できるように手を加える。M．J．がこれをしてはいけないわけがない。カンファレンスというのは、トップ・セールスパーソンが自分自身の最高の販売戦略を紹介するイベントだ。それに耳を傾けられるチャンスを逃すわけがない。あなたも同じだろう）。

M．J．のクジラの餌には次のようなものがある。

〝豪華なサポートメンバー〟 M．J．は、自分のクライアントに積極的に紹介したいような仕事のクライアント、アドバイザーそして最上級のサービス担当者などのオールスター名簿をまとめあげている。その名簿には公認会計士、財産管理士、弁護士はもちろん、大学入学を控えている子どもを持つクライアントのために大学進学の専門家まで載せている。M．J．のクライアントは、あらかじめ選別された、こうした役に立つ人たちの名簿を簡単に見られるだけでなく、特別価格の恩恵にもあずかれる。要するに、オールスターのひとりひとりが、M．J．の名簿に載ることを強く望んでいるのだ。というのも、見こみのある超富裕なクライアント全員に対して、自分が推薦されるという意味になるからだ。

このおかげで、M．J．は割引料金の交渉ができる。そうなるともちろん、M．J．のクジラもとてもハッピーになる。超富裕層の人たちを語る上で面白いのは、われわれと同じように、彼らも交渉が大好きということだ。

〝集まり〟 これは魔女の集会のように聞こえる。けれども、実際には、M．J．が会社の他のセールスパーソンと一緒に、彼らの最上のクライアントのためだけに計画する、年に一度の集まりなのだ。毎年、ごく限られた数のクジラをさまざまなスポーツイベントに招待している。たとえば、ゴルフのマスターズ・トーナメント、スーパーボウル、インディアナポリス500マイルレースなど。この集まりの開催は、M．J．の最も成功したアイデアであり、クジラ囲いこみの成否を分ける重要な戦略なのだ。

〝一緒に寄付しよう〟 M・J・は、一部の選ばれたクライアントが気に入っている慈善事業に参画している。それは、クライアントを紹介してもらったことに対して、M・J・からお返しができるすぐれたアイデアだからだ。あるクライアントは、積極的にアメリカ心臓協会の活動に参加している。だから、M・J・はこの非営利団体が開催する年に一度の大行事に資金を提供している。また、さまざまなオークションに品物を寄付したり、クライアントが支援している慈善活動に応えるため5キロウォークにも参加したりしている。

大口のクライアントは、金脈だ。彼らは高額の売上をあげさせてくれる。しかも、お金持ちの友人を紹介してくれると、今度はその人たちが新たな大口クライアントになっていく。彼らをハッピーにするための努力と出費にはそれだけの価値があるのだ。あなたの時間と経営資源の80パーセントを彼らのために使うことに腰が引けてはならない。

わずかなコストでできるすばらしい待遇

ラスベガスでは、クジラとはごく限られた派手に金を使う人のことだ。彼らは一軒のカジノで何千何万いや何百万ドルもの大金を賭けることをなんとも思っていない。当然、大物の遊び人を自分たちのカジノに誘いこむために、ラスベガスの娯楽施設は彼らをもてなすために高額の出費もいとわない。ときにはカジノの送り迎えに自家用ジェット機まで用意する。

しかし、特別待遇にひと財産ほどのコストをかける必要はない。わたしがインタビューした中で最も頭のよいセールスのスーパースターは、彼らのクジラに対して、非常に低いコスト、少ない労力ですばらしい待遇を行なっている。

〝カラーコード〟 あるクライアントが一定の投資額の水準に到達したら、金融サービスの担当者がそのクライアントを〝パープルグループ〟と呼んでいる領域に移すことにしている(このパープル＝紫という色には、エリザベス一世時代のはるか以前から、特別な意味があった。女王は王家の一族以外に紫を身にまとうことを許さなかった。歴史的にも紫の染料は稀少で高価だった)。クライアントに対する紫色の待遇は、紫色のロウで封印された〝ロイヤルクラブにようこそ〟の手紙と、紫色のベルベットのバッグに入れられた極上ワインのボトルから始まる。紫色のテーマはこれ以降ずっと続いてきた。最上のクライアントのディナーには、紫色のリネンが使われ、スポーツイベントでの予約席は、紫色のリボンでそれとわかるようになっている。

〝定期的な心配り〟 ある広告代理店は、大切なクジラの名前を毎月の贈り物宅配サービスの名簿に登録することによって、そのクジラが最初に思い浮かべる名前が自分たち、という状態を維持している。クライアントとの取引の程度によって、その贈り物は雑誌の定期購読、その月最高の紅茶、あるいは、高級食料品の詰め合わせということもある。贈り物そのものは実際、それほど重要ではない。重要なのは、それが個々のクライアントの趣味嗜好に合っているか、そしてクライアントに、その代理店とのつながりを毎月、思い出してもらえるかどうか、ということだ。

秘密

その13

スピードよりもノーミス

「とにかく大至急で」
「ときは金なり」
「すぐにとりかかってほしい。」

この種のセリフをしょっちゅう耳にするのは仕事の場だ。そこでは、ときに、スピードこそが唯一のゴールであるかのように思われることがある。スタートアップ企業は〝急速に成長しなければ、そのうちに死ぬ〟運命だ。フェイスブックの場合、長い間モットーになっていたのは、〝すばやく動けそして革新を起こせ〟。一般的な組織について言えば、広くいきわたっている智恵は、「小さいことは速いこと、大きいことは遅いこと」だ。

わかる。スピードは戦略的なツールだ。われわれの大半は、時間のかかるものには我慢ならないものだ。わたしはそう考えている。ビデオがネットから端末に取りこまれるのを待つにしても、あるいはポテトが焼けるのを待つにしても、そうだ(とはいっても、わたしは〝大きいことは遅いこと〟には賛成しない。もしあなたが賛成というなら、サターンロケットでミニクーパーとレースをしてみればよい)。しかし、この点は強調しておきたい。誰もが感じている〝より速く〟への執着に反して、わたしがインタビューしたセールスのスーパースターは共通して、セールスの進捗の速度を、そうできるときには、落とすことを心がけている。

なぜだろう。それは、あなたが100万ドルプレーヤーならわかるように、クライアントとの関係ほど大切なものは、他に見当たらないからだ。そして、考えることよりもスピードのほうを重視することほど、つまり、今、〝わたしがしなければならないこと〟を優先する！ことほど、その関係を台無しにするものはないからだ。スピード重視によってないがしろになるのは、〝最高でそして最善のレベルで、わたしのクライアントのためになる仕事をするにはどうすればよいか？〟という思いだ。わたしはすでにこのことを述べてきた。それでももう一度強調しておこう、100万ドルプレーヤーの仕事は人とのつながりをつくることなのだ。

誤解しないでほしい。スピードの重要性を無視してもよいと言っているのではない。クライアントにとって必要なら、もちろんできるだけ速い仕事を心がけるべきだ。しかし、どれくらい速く？　それは場合による。ちょっと変わった調査をしてみたところ、わたしが話を聞いたすご腕には、スピードを重視する人と、そうでない人の両方がいた。両者の違いは結局、〝何を売っているか？〟にあった。

もしあなたの売っているものが品物なら、競争に勝つために必要なのはスピードだ。そのよい例がアマゾンだ。

アマゾンはスピードを究めている。瞬きするあいだに、書籍や電子機器を薦める能力がある。クリック1回で購入でき、2日後には茶色のズボンをはいた男性が、玄関に注文したものを届けに来る。場所によっては、2、3時間で配達できてしまう。止血器を買うのでなければ、それほど急いで欲しいというものは一体何なのか、わたしにはわからないけれども。ビタミン剤のような常用する品物を買うときでさえ、アマゾンは、最寄りの薬局の店舗や大規模小売店に走るよりも簡単に（安い価格になるのは言うまでもない）、アイパッドで購入できるようにしてくれる。アマゾンは〝スピード〟と〝モノ〟の組み合わせが最高であることを証明している。

しかし、もしあなたがビタミン剤よりももっと結果重視の製品、あるいは準備にもっと時間が必要なこみ入ったサービスを売っているなら、そのときは、少しスピードを落とそう。アマゾンが活用しているアルゴリズムには、先回りしてあなたが欲しいと思うものを教えてくれるすごさはあるのかもしれない。しかし、人と人の関係に使えるアルゴリズムは存在しない。

仕事のスピードを速くし過ぎると、ミスをするものだ。このミスは修正しなければならない。そうなると、いくつかのステップを逆戻りする羽目になり、急いであるべき姿に戻さなければということになる。それがまたミスを誘発することにつながっていく。これに気がつかないでいると、当の本人は、いつまでたっても修正回復モードから抜け出られなくなる。それは好ましくない消耗の激しい循環で、その循環のツケをいずれはそのクライアントが払わされるだろう。

すご腕は修正回復にすぐれた力を発揮する。とはいえ、彼らがもっとすぐれているのは、最初の段階でそうしたミスが生まれないようにすることだ。

ミスが起こった

人は失敗するものだ。最も優秀な人でさえ。わたしのインタビューした人の場合には、自分の間違いに気がつくとあわててそれに対処してしまい、事態をさらに悪くするといったことはない。反対に落ち着いて、じっくり時間をかけて次のふたつの質問への答えを考える。

1 間違いの原因は何か?

2 どのように修正すれば、クライアントの要求に応えられるか?

問題の解決がそれなりに簡単なときもある。つまり、クライアントのところに出向いてミスをしたことを伝え、どのようにしてそれを修正するつもりなのかを説明するのだ。しかし、問題が複雑な場合には、時間をかけて、建設的な最善の策を考える。

時間をかけて間違いへの対処方法をじっくり検討しているときでも、内緒にすることはない。ミスが起こったそのときに、彼らはクライアントにそのことを伝え、こう言うのだ「解決策を考えて、すぐにご連絡します」。

ブランディーはオースティンで働いている。オリンピック金メダル級の宅地建物仲介業者だ。ひとりで毎年平均60軒の住宅を販売している。〝五つ星不動産仲介業者〟の称号をもらっている。これは5年連続で抜群のクライアントサービスを提供しているひと握りのプロに対して、業界が公式に与えるものだ。

この女性には住宅を売る抜群の能力がある。

本人もスピードへの要求については十分にわかっている。事実、売り手買い手の誰もがブランディーに速く話を決めてくれと迫ってくるのだ。

「来月引っ越すので、できるだけ早く家を決めたいのです」

「わたしの家を今、売り物件に登録したいのです。早く売りたいので」

ブランディーの仕事は速い。すでに述べたように、少なくとも平均で週に1軒は取引を成立させている。しかし、同時に、本人を有名にしている、受賞があるほどの優秀なクライアントサービスを心がけており、そのおかげか、新たな取引相手には、じつは過去取引をしたクライアントの紹介で獲得した人たちがたくさんいる。ブランディーが世話をした人たちはその友人に、ブランディーはなんでもしてくれる仲介人だという話をする。こんな風に言う「ブランディーに頼めばいい、あらゆることに骨を折ってくれるから」。書類の一枚一枚をもれなく説明してくれる。約束の時間は必ず守る。建物のすみからすみまで確認してくれる。クライアントはブランディーが大好きだ、とにかく仕事が完璧なのだから。

しかし、完璧にするには時間がかかる。ブランディーの難しい課題は、すばやく動く、ただしだからといって、自分自身の売りである完璧なサービスのどれひとつとして犠牲にしない、ということだ。

そうなると、どのようにすれば、タイミングのよいそして心地よいサービスを着実に続けられるのだろうか？

そのためには、クライアントには見えないところで、徹底的に仕事を整理し系統立てて動けばよいのだ。

ブランディーは新たなクライアントに初めて会う前から、セールス活動を始めている、と明かしてくれた。新しいクライアントには紹介によって会える人が非常に多いため、「ありがたいことに、紹介してやるというわたしのクライアントが、初対面のお膳立てをしてくれるんですよ。そのクライアントが電話をかけてきて、〝やあ、ブランディー、わたしの友だちのスミス一家に紹介しておいたよ。今、家を探しているというのでね〟というようなこともよくあります。

そこで紹介してもらったクライアントにふたつのことを尋ねます。〝わたしのどんなことを相手に話していただいたのですか？〟そして〝スミスさん一家のことを少しばかり聞かせてください〟と」。ブランディーがこのふたつの質問をするのは、その仕事を一気に軌道に乗せたいからだ。もしあらかじめ、スミス一家がたとえば今よりも小さな住宅に移ろうとしているのがわかれば、初対面のときにその方向に話をもっていけるのだ。

ひとたび新規のクライアントと話を始めると、いよいよブランディー流のシステムが現実に動き始める。住宅の売買はさまざまな要素が絡み合う複雑な交渉ごとだ。住宅ローンの仲介人、保険の代理人、住宅建設の検査人、第三者預託の専門家そして弁護士などが必要になることもある。ブランディーはクライアント本位でこのプロセスをこうした力を借りながら円滑にすすめていく。こんな電子メールをクライアントに送ることもある「わたしがお薦めする住宅ローン信用保険の会社の電話番号はこれです。ジョンを呼び出してください。電話があると伝えておきました」。こうして簡単にそして手早く仕事を進めている。

ブランディーにこうしたことができるのも、自分の仕事の大半をひとつの流れにしてしまっているからだ（たとえば、右の電子メールは、あらかじめ予定に組み入れ、文面を書き上げてある）。この非常に賢い舞台裏の構造のおかげで、複雑な手続きをさせるときでさえ、クライアントの一人ひとりに自分は重要人物と思わせることに専念できるのだ。こうなれば、まる一日使って、買い手が気に入った住宅を見つけるのに付き合うだけの余裕が生まれる。

このシステムがうまく働かなければ、あわただしく動き回ることになり仕事が混乱し、クライアントの時間を浪費してしまう。スピードのはき違えであることは明らかだ。

ブランディーはある大切な教訓を心に刻んでいる。それはクライアントができるだけ早く売り買いしたいと望んでも、仕事を速くこなせばそれだけで、自分のビジネスがうまくいくわけでもない、という教訓だ。全体のプロセスの細かいところにまで、つまり住まいを探すところから、引っ越しするところまで、十分に目を行き届かせる、それこそが、本人を特別の存在にしている要因なのだ。ブランディー並みのサービスを心がければ、相手は心を許してくれるだろう。急ぎたいという要求を完全に忘れ去ってはならない。しかし、肝心なのは、急ぎながら、それでもクライアントに対して彼らの期待を上回る仕事をすることだ。

エレンも、非常に評判のよい受賞暦もある不動産のプロだ。最近の10年間で、250万ドル以下の不動産の契約をしたことがない。仕事をしているサンフランシスコ・ベイエリアでは、この程度の価格は一般的なものだ。つまり、サンフランシスコは、アメリカ国内でも100万ドル級の住宅の割合が最も大きい地域なのだ。

飛び抜けて高額の不動産に対する潜在的な買い手はごく限られている。そこで、買い手の中には、特定の不動産の売り出しは非常に少ないことがわかっているので、焦っている売り手に、早く動けとそそのかす人も出てくる。「もしわたしが提示する条件を今、飲まなければ、この話はなかったことになるかもしれませんよ」とほのめかすのだ。

エレンにはわかっている。そして同時に、最も速く販売交渉が反故になってしまう原因は、終始一貫急ぐことだということもわかっている。ささいなことでミスをすると、取引の交渉全体が失敗に終わる。だから、エレンはセールスのプロセスに秘密のスピードバンプ（クルマの速度を落とさせるため道路上に設けるかまぼこ形の盛り上がり）をつくっている。つまり〝頭を冷やそう〟という手法で、競い合っている買い手や売り手を、それと悟られることなく落ち着かせるのがその目的だ。エレンはこれを〝ループ〟と呼んでいる。

このループのことは誰もが知っている。つまり、これに入りたいのに〝カヤの外〟に置かれている人はたくさんいる、そんなループだ。もし、このループの中にいれば、何が起こっているのかわかる。もしカヤの外なら、わからない。

もしエレンと仕事をすれば、あなたは間違いなくそのループに入れてもらえる。クライアントと初めて会ったとき、エレンは取引をまとめるまでに必要なステップをひとつひとつ詳しく説明する。たとえば、住宅ローンを組む、建設確認の準備をするなど（エレンはなんと実際に、初めて会ったときから建物が住まいになるまでの流れのループを描いてみせる）。

また、そのクライアントには、どんな形でエレンのループに入りたいのかと尋ねている。電子メールなのか、携帯メールなのかそれとも電話なのか。これによって、エレンがどんな情報をクライアントに伝えればよいのかを、クライアントの方から聞き出せるのだ。

このループの主な目的は、クライアントに取引のプロセスをよく理解してもらうことにある。しかし、エレンはさりげなくこのループを活用して、それぞれのステップを速く終わらせたいと思うクライアントの期待を満足させるのだ。クライアントのたどるループを描きながら、ときにはこんな風に説明する「この建築確認を今から10日以内にすませたいとお考えかもしれません。でも2週間はかかると思っていてください」。

手続きをすすめていくうち、もしあるクライアントが建築確認に2週間はかかりすぎだと不満をもらしたら、エレンはループを見せて、それでも完成までの進捗は予定通りだと説明する。このループによって、必ずしもスピードにこだわるクライアントが起こす「今すぐ欲しい！」というかんしゃくを、すべて止められるわけではない。しかし役には立つはずだ。

ジェフは輸送保険の卸売業者で、複雑な取引をまとめようとするとき、これとよく似たアイデアを使って時間を稼いでいる。ジェフは、大手の保険会社と、個人のクライアントに対してそれぞれの事情に合う適切な条件を整えるのが仕事の代理人との間に入る仲介人として働いている。ときには、代理人が立ち往生して、クライアントが要求する個別具体的な補償内容を提案できないことがある。そうなると、ジェフの出番だ。

ジェフは輸送保険について、つまり営業用車両に特化した損害保険についてはなんでも知っている。道路を走るすべての車両、たとえば、バス、巨大な18輪トレーラー、タクシー、危険物を積んだ大型トラックなどにはすべて、保険が必要だ。その保険の中には、非常に複雑なものもあり、普通の代理人では、ある特定のクライアントの出す条件に応えられる保険商品がどれなのか、そしてそれを売っているのはどこの保険会社なのか、わからないことがある。ジェフにはわかる。

保険業界では、〝早い〟ことが共通の要求になっている。ある代理人は、ジェフに電話をかけてこう訴える「得意先のリムジンサービスの会社が今日、保険をかけたいと言っている。明日、空港までミック・ジャガーを迎えに行くことになってしまったから」。ジェフは少し巧みな技を使って、この焦りまくっている代理人を落ち着かせる。そうすることで、ジェフにはこの代理人の求めている内容が正確に把握でき、〝今すぐに〟問題の解決策を出すことに汲々としてしまい、決定的に重要な細目を見落とすということがなくなるのだ。

デスクの上には、スポーク・アンド・ホイールと呼ばれているある種の図表だけが印刷された紙が置いてある。この代理人の話すクライアントの要求内容を聞きとって、ジェフは決定的に重要な事実を図表に埋めこむ作業にとりかかる。そこに書き留めるのは、保険契約をしようとしているクライアントの名前（たとえば、大手の農産物の会社）、軽減事由となる条件（好ましくない補償支払要求の履歴なのかもしれない）、クライアントの現在の方針そして予算などだ。

この形式的な作業のおかげで、ジェフは相手を落ち着かせ、そうした複雑な問題を検討し解決法を考える時間を稼げるのだ。毎回解決策を考えることが、優秀な実績となって現れる。だからジェフの保険代理人のクライアントは、何度も繰り返しジェフのもとにやって来て、彼らのクライアントが抱えるどこまでも得体のしれない保険の問題の対処法を教わっているのだ。

ブランディー、エレンそしてジェフの3人には、落ち着かせる、考える、そしてどのクライアントに対しても最高の結果をもたらす、そうした訓練や手法が身についている。彼らは、す早い販売あるいは間髪を入れない答えと、拙速が過ぎると積み上げてきた関係を危うくするようなミスにつながりかねないという考えとを、天秤にかけている。満足してくれるクライアントを、長い年月の間ずっとつなぎとめていたい？　それでは、ゆったり構えて、間違いのない仕事をしよう。

第3部

仕事への取組み方の秘密

セールスのすご腕にならって、十分に力を発揮し、整然と仕事をこなし、しっかりとスケジュールを立てよう

秘密
その14
影の側面に目を向けよう

「何ですか、あれは？」わたしはオフィスの壁を指さしながら、ロジャーに聞いた。デスクの向こうには床から天井にまで達している巨大な掲示板があり、タテ3インチ（7・5センチ）ヨコ5インチ（12・5センチ）の虹色の情報カードで埋めつくされていた。どのカードにも、しっかりした字のメモ書きがあった。

「ああ、あれね。〝壁〟ですよ」と、東海岸で金融サービスの仕事をしているロジャーが答えた。

なるほど、その〝壁〟は、ロジャーがそれまで見こみのあるクライアントから受け取った答の集積だった。どれも「断る」「わたしが欲しい製品ではない」「興味がない」さらには「もう別の人と交渉している」といったものばかりだ。ロジャーに断りを入れれば、その理由が〝壁〟に貼りつけられ、日常的に心に刻むようになっている。こんな大きな神社のような壁は見たことがない。

「〝壁〟がわたしの意欲のもとなのでね」。なぜ気が滅入るようなものをわざわざオフィスに置いておくのか尋ねると、ロジャーはこんな説明をしてくれた。「差をつけるために何をするかというメモですよ。それは拒絶と戦うための戦略で、わたしにとっては究極の学習ツールなんです」。

インタビューを始めて30分ほどたったところで、ロジャーの部屋のドアがノックされると、女性の販売員が顔をのぞかせた。「お邪魔します。ちょっと〝壁〟を見たいのですが」。〝なんだって？ ここの人たちはほんとうに影の側面にも目を向けてきているのか〟。

あなたの職業と同じように、大きな影の側面、つまり多くの否定や拒絶がついてまわる職業が、それほどたくさんあるわけではない。セールス志望で採用面接を受けるとき、ボーナスをどのように使うつもりかと聞かれるよりも、取引に失敗して落胆した気持ちをどのように整理するかと聞かれる確率のほうが圧倒的に高い。〝ノー〟に何回か出合うと、最も有望な若いやり手でさえつぶされてしまうということを、どの組織も心得ているのだ。

〝ノー〟は人を臆病にさせ意欲をなくさせる。そしてあきらめる気にさせてしまう。もしもう一度〝ノー〟という目にあったら、生きていられないと思うかもしれない。セールスの世界では、〝ノー〟は、すべてを台無しにすると恐れられる暗黒のエネルギーなのだ。

これに対して、〝イエス〟は宇宙における知的生命と同じように、きわめて稀な存在だ。生命とは格別なものだ。生命は多くの物質が適切な時機と適切な量がうまく重なったとき初めて出現する。生命はもろく、急速に進化して生き延びられるのは稀だ。生命は取引を成立させようとする取り組みとよく似ている。

〝ノー〟はごく一般的、そして〝イエス〟はごく稀、という事実を背景にしながら、ロジャーのようなトップ・セールスパーソンがそれらの否定のすべてに対処するために、積極的な使い方を考え出そうとするのは奇妙な話だ。しかし、秘密その14にはこれよりも深い意味がある。つまり、影の側面に目を向けるという意味は、〝ノー〟は〝イエス〟よりもはるかに頻繁に起こることを受け入れ、そして避けるのが無理なノーを逆にどのように活かして自分を最も有利な立場に持っていくか、その方法を考えることなのだ。

ロジャーはチームのメンバーと共に、彼らが耳にする〝ノー〟の数えきれないほどの変種の研究に余念がない。その目的は、次の機会に備えて、相手をイエスに持っていける具体的な反論を用意しておくことにある。彼らは〝壁〟を見て悲惨な状況の一つひとつを振り返り、もう一度同じような目にあったときに備えるのだ。たとえば、「もし、あるクライアントが○○○を拒否したときには、次のように説明します▽▽▽……」というように。

そうした影の側面はすべて壁にまとめあげられている。壁によって気持ちが落ちこむどころか、反対に啓発的であり役にも立っているのだ。ロジャーのしてきたことで、〝壁〟以上にそのキャリアを豊かにしてくれたものは何もない。壁を使って自分の仕事をさらに成長させている。

影の側面に目を向けるのは簡単なことではない。ロジャーに言わせれば、あらゆる販売の失敗事例こそ「この断りの文句を聞かされるのはこれが最後ではない。次の機会には、それにどう答えるのか考えておくことだ」と、自分の頭の中で訴えていた学習経験なのだ、と気づくまでに、何年もかかったらしい。

ロジャーは言う「おそらく、もし誰かがミスの対処にわたしと同じように多くの時間を費やしたとしても、わたしは驚きませんね。わたしの業界では、適切なときに適切な文章を書くだけで、なんとかなることもある。これがわかっているのは、ことばの誤った組み合わせで失敗してしまったときをすべて〝壁〟に貼りつけてあるからだ。

ロジャーはこうつけ加えた「こうした小さなことが、わたしにほんとうに有利な立場を与えてくれているんです」

勝つことと負けることとの〝小さな〟違い

小さなことが大切だ。成功は、ごくごく些細なことのおかげなのだ。それを証明するために、自動車レースを考えてみよう。

デイトナ500のようなレースの場合、文字通り僅少差で勝者が決まる、というのはよくあることだ。レース自体は数時間かかる。にもかかわらず、フィニッシュラインを最初に通過するクルマと、他のクルマとの時間差はほんの一瞬、というときもあるのだ。2番手のドライバーは勝者に遅れることほんの1秒半、であるかもしれない。
ごくごくささいなことが、それほど重要なのか？　2番目にフィニッシュラインを通過したドライバーに聞いてみてはどうか。

自分の失敗には価値があるのだという考えは、大物が、もし、ほんとうにもし、それなりの意識を持っていたとしたら、そのキャリアの初期に吸収しているものなのだ。

ここでもう一度メアリーに登場してもらおう。イントロダクションの章で紹介した、保険会社の年間最優秀セールスパーソンだ。本物の異才だ。今では引退しているこのメアリーは、25年以上営利保険に携わり、勤務したどの会社でも最高の稼ぎ頭になっていた。最後に働いた会社では、最優秀の称号を7回獲得している。

メアリーはわたしが最も長い時間インタビューした人物のひとりだ。それは、本人が話好きだったからではなく、知識の宝庫だったからだ。事実、われわれはこの執筆を終える前にも、もう2、3回、会おうと思っている。〝それほど優秀〟なのだ。

インタビューをしているとき、メアリーはふと、どれほど頻繁に拒絶にあい、どのようにしてそれを乗り越えていったのかを話し始めた。聞けば、メアリーは、〝ノー〟を受け入れるのも仕事のうちだと、悟っていたという。つまり、〝ノー〟を聞くのは当然だと思っていた。なぜなら〝ノー〟をある回数聞かされたあとやっと、〝イエス〟の声が聞けるからだ。

こんな風に語ってくれた「これこそが大切なんです。このことを知らないセールスパーソンがたくさんいる、しかもその中にわたしの仲間も入っていることにとても驚いています」。そして、統計数字をいくつか見せてくれた。

・セールスパーソンのおよそ半数は、見こみ客から最初に〝ノー〟と言われたときに、あきらめてしまう。

・一度であきらめなくても、およそ4分の1が2回目に断られると、そこであきらめる。

・3回目まで粘るセールスパーソンでも、約15パーセントが、3回目の拒絶であきらめる。

・そしてそれでも食い下がる一部の猛者のうち、10パーセント強の人が4回目の断りであきらめてしまう。

こうなると計算上、もし100人のセールスパーソンが同じクライアントに売りこんだとすれば、クライアントがノーを4回言ったあとには、たったひとりが残るだけになってしまう。こんな風に考えると、一体誰が売りこんでみようと思うだろうか？

まだひとりが粘っている。

〝それこそ〟が、影の側面に目を向けるということなのだ。

なぜあなたはジョージ・クルーニーが好きなのか

たいていの俳優は、心が折れてしまう際限のない〝ノー〟の流れに向かい合っている。役を求めてオーディションを受けると、ありとあらゆる拒絶のことばを投げかけられる。たとえば、歳をとりすぎている、若すぎる、金髪がきつすぎる、もっとブロンドでないと、このアスピリン（何でもいい）のCMには向いていない、などなど。それをまともに考えないでいる、あるいは否定されても落ちこまないでいるのはとても難しい。わたしには才能がないんだ、負け犬だ、失敗した。

スーパースターになる前の時代、他のオーディションを受ける俳優と同じように、不合格の声ばかり聞いていたとき、ジョージ・クルーニーには、影の側面に目を向けるだけの見識があった。監督がオーディションをするのは、なにかしらの問題を解決しようとしているからだ。彼らには俳優の決まっていない役があり、誰かを探して埋めなければならない。クルーニーがある役で断られても、それはおそらく、本人がお粗末な俳優というのではなく、監督の問題を解決するために適した俳優ではないからなのだ。

売りこみの電話も、このオーディションに非常によく似ている。あなたは自分自身を、会社をそして製品やサービスを売りこんでいる。オーディションの場合と同じように、〝ノー〟はどんなときにも相手から聞こえてくる。クルーニーが学んだように、ときには、あるクライアントの問題を解決するためには、あなた自身と製品やサービスが〝はまり役〟ではないこともあるのだ。この事実を受け入れよう、そして前進しよう。

否定についてもうひとつ興味深いことがある。否定は、セールスの場だけの話ではないということだ。買い手の世界には独自の影の側面があるのだ。すご腕のセールスのプロにはそれがわかっている、〝ノー〟ということばは、クライアントが抱えている懸念から生まれてきている。

クライアントは失敗するのを恐れている。変化が怖いのだ。彼らはチャンスを掴みながらも失敗するのを心配してる。彼らは自分が愚か者だと思われるのを恐れている。あるクライアントが懸念を抱きながら早く意思決定しろと迫られると、たとえ〝イエス〟と言うのが彼らにとって最善の選択だという場合でも、〝ノー〟と言うほうが気が楽なときもよくあるのだ。

ここで、クライアントが売りこみ文句を聞かされるときに考えることをいくつか紹介しよう。

・ここで買わなければ、責任をとらされる。
・ここで買っても、うまくいかなければ、責任ものだ。
・買わないのに、競争相手が買えば、責任ものだ。

彼らが何をするにしても、判断ミスの恐怖からどこまでいっても逃れられないのだ。

14

よいニュースは、買い手の懸念をテコにして自分に立場を有利にできる、ということだ。ヒューストンで広告・マーケティングの仕事をしているクリントも、そのためにどうすればよいのかをしっかり学んできた。新規の見こみ客にサービスを売りこむ前に、クリントはタイタニックやヒンデンブルク並みの最悪の事態をつまり、見こみ客から広告とマーケティングの依頼が来ないとすれば、クリントのビジネスに起こる可能性がある事態を思い起こすことにしている。こうした破滅的な事態が起こるとすれば、その根本的な原因は、クライアントが何もしないことにある。どのように競争で打ち負かされるのだろうか？　どのように、ビジネスの成長に失敗するのだろうか？

そこでクリントは、この最悪のシナリオを説明するための絵コンテ（お馴染みの広告の視覚資料だ）をつくる。未知のものに対する恐怖につけ込もうとするその様は、ニール・ゲイマンがその著作の冒頭で使っているテクニックのようだ。

クリントはまた、初めて会ったときに〝ノー〟を聞かされる可能性を努めて排除しようとする。実際にも、クライアントに会ったとき、〝ノー〟と言わせる余地を与えることはない。というのも、その時点では、クライアントの側に〝ノー〟と言う材料がないからだ。そしてここではまだ、クライアントに自分のサービスを売りこむようなことはしない。クライアントに対して、もし彼ら自身がその現在進んでいる方向にしたがって仕事を継続するのなら、その先に生まれる可能性のある成果を提示するだけだ。

クリントの得意先のひとつに、繁盛している自動車販売店があった。クリントが売りこみをかけたとき、この販売店は2店舗目の開設準備をしていた。ところは、有名な自動車販売店が軒を連ねている地域の大通り沿いだった。

初めて彼らの店を訪問したとき、クリントは新しいマーケティングや広告のアイデアをなにひとつ提示しなかった。その代わり、一連のスケッチを見せながら、悪夢のシナリオを語った。まず、この見こみ客に、第2の店舗のためどれほどの資金を、店舗の建設、在庫の確保、そして従業員の採用活動のために投下することになるのかを示した。

そして続いて、宣伝広告に適切な投資をしなければ、そのための恐ろしいツケを払わされるかもしれないと説明した。マーケットの人気を得るまでの長く厳しい道のりを詳しく語り、彼らの店舗がどんな姿になるのか、そのスケッチを次のように描いてみせた。セールス担当者は手持ち無沙汰でぶらぶら歩き回り、炎天下に新車が売れないままずらりと並んでいる。

話を終えると、椅子にゆったりと座って相手の反応を待った。

この見こみ客は、心配そうにさまざまな質問を浴びせかけてきた。

クリントはあらかじめ答えを用意していた。もちろんだ。しかし、一切何も答えなかった。自分が考えたシナリオをきちんと伝え、そして、シンプルで強力しかも創造的なマーケティングと広告の打開策を喜んで提示するつもりだと言った。ただし、それは次回におこなうミーティングで。

それから3日後、クリントは用意していたマーケティングプランを提示した。その日、このクライアントはクリントンに仕事の依頼をした。

ジェットコースターに乗った経験のある人なら、「わぁ、イヤだ!」と「おぉ、すごい!」とは紙一重だということがわかっている。これと同じことがセールスの場での〝ノー〟と〝イエス〟との差についても当てはまる。すご腕のプレーヤーは、この紙一重の世界で成功をおさめている。彼らは、〝ノー〟が日常生活の一部に過ぎないと思っている。その〝ノー〟をテコにする方策を活かせば、つまり、例の影の側面に目を向ければ、その〝ノー〟を〝イエス〟に変えられるのだ。

その15

10回ルール

私はぼんやりとテレビで野球観戦をしていた。大して興味もないレッドソックス対レッズの試合を、見るともなく見ていたのだ。とそのとき、私は目を見張った。打席に立っているレッドソックスのヨエニス・セスペデスの頭を狙って、レッズの投手ジョナサン・ブロクストンが剛速球を投げこんだのだ。

長年の経験によって磨き上げられた反射神経のおかげで、セスペデスは、ほんのわずかの動きでひらりと身をかわしたのだ。アゴを砕かれる寸前という目にあえば、並みのプレーヤーなら激しく動揺するだろう。しかし、セスペデスは気を取り直し、打席に戻ると、まさに次の投球を叩いて、センターオーバーの勝ち越しホームランを放ったのだ。

すごい。セスペデスはそうした精神的に動揺するような瞬間があったにもかかわらず、あくまでも自分のゴールを見失わなかった。事実、この投球によって、セスペデスはブロクストンに対して誰がこの試合の主役なのかを思い知らせる決意を固めたのかもしれない。不屈、覚悟そして昔ながらの根性がセスペデスを再び打席に立たせた。その打球はフェンスを越えた。

野球のボールを打つのは本当に難しい。だから、投手に頭部を砕かれそうになった直後に、冷静にホームランを打つのははるかに難しい。セールスも、ほんとうに難しい。〝ほんとうに難しい〟。この世界では、何十万何百万人もの人間がありとあらゆるものを売り歩いている。目標に邁進する人は、10回ルールを自分のものにしなければならない。その理由を一瞬で説明しよう。第一に、秘密その15は、挫折を跳ね返す忍耐、不屈、粘りそして初志貫徹にかかわるものだからだ。

ほとんどの人は、この能力を持ち合わせていない。しかし、100万ドルプレーヤーはみな、この能力の持ち主であり、しかもそれは身につけられるものだ。もし秘密その14影の面に目を向ける、ことが、自分のキャリアのある時点で、そしておそらく何度でも、将来、失敗の底知れぬ感情的な井戸の縁に立たされるのを受け入れることだとすれば、秘密その15のテーマは、井戸から脱出して前進を続けようとする根性だ。

それではここで、なぜ私がそれを10回ルールと名付けたのかを説明しよう。そう名付けたのは、インタビューした中で私が気に入った人物のひとり、メアリーに敬意を表したからだ。メアリーのことはすでに、本書で何回か紹介している。

前章で、メアリーは、そのキャリアを通して〝ノー〟の嵐を切り抜けてきたと説明してくれていた。時間がたつにつれ、セールスの世界では、〝ノー〟をある程度の回数言われたあとやっと〝イエス〟にたどり着けると悟った。そこで、〝イエス〟にたどり着くまでに必要だったノーの回数を記録することを始めたところ、結局、その回数は10回だとわかった。その通り。つまり、過去の経験を踏まえて、メアリーは最終的に販売を成立させるまでに、一般的に平均10回、見こみのあるクライアントに売りこみをかけていた。

それは聡明な競争戦略だった。数えきれないほどの断りにあったからこそ成功をおさめられたとメアリーが気づいたおかげで、拒絶されたことの悩みから解放された。実際にも、個々の見こみ客に接触するための計画を10回〝練る〟ことを始めたのだ。結局のところ、クライアントの大半は10回〝ノー〟と言うものだとわかっていれば、4回目にぶつけられる〝ノー〟を心配することはない。販売契約を結ぶ前に、その〝ノー〟をあと5回は聞かされると悟っているからだ。

これが10回ルールだ。つまり、セールスのスーパースターになるために、何度も何度もぶつかっていく、ということだ。

ところで、10回ルールは、最重要秘密その2ジョーダンの方程式、の仲間のようなものだ。ジョーダンの方程式は、人目にはこともなげに映るスーパースターのような振る舞いを身につけるために必要な舞台裏の努力を、すべて教えてくれている。10回ルールが、その努力は、長い年月のかかる持続的で計画性のあるものでなければならないことを思い出させてくれる。

もしその努力に対する見返りを望むなら、やめようという誘惑を抑え込まなければならな

15

い。大リーグの一流打者には、自分なりの10回ルールを実践している人がたくさんいる。彼らは打席で我慢強くボールを待つ。イヤなボールは次々にファウルして逃れながら、自分の狙い球つまり完璧な球を見定めて打つ。投球の数が増えればそれだけ、狙い球の来る確率が高くなる。そして次に来るのは、そうだ、ヒットを打ったときに聞こえるおなじみのバットの乾いた音だ。

10回ルールという名称は、単なる名称にすぎない。10は科学的に証明された数字、つまり成功するまでに経験しなければならない拒絶の回数、あるいは何かに挑戦する回数、ではない。この名称は、何ごとにおいてもスーパースターになるためには、長期間の拒絶にも耐え続けなければならないと言っているにすぎない。

数字そのものは、10万時間であっても1回の〝イエス〟に対して10回の〝ノー〟であっても何でもよい、成功するにはあきらめないという揺るぎない覚悟が必要という考えと同じように大切、というわけではない。10回ルールに従うには、セールスは現実に厳しい仕事という姿勢が欠かせないという意味なのだ。

時間をかけた粘り強さの力

グランド・キャニオンはすばらしい眺めの景勝地だ。その長さは２７０マイル（約４３２キロ）。一番幅の広いところで18マイル（約29キロ）もある。その深さは６０００フィート（約１８３０メートル）以上。その規模を理解してもらおう。世界中の河川の水をすべてグランド・キャニオンに注ぎこんだとしても、それでも埋まるのは半分に過ぎない。

グランド・キャニオンをつくりだしたのはコロラド川という一本の川の流れだ。何百万年にもわたって岩を削り取ってきた。一本の水の流れが常に同じ方向だったおかげだ。

セールスはある種グランド・キャニオンのようなものだ。あなたが選んだキャリアには、多くのステップを繰り返し踏みながら、一本の線のように専念することが求められている。成果を求めて何度も繰り返しぶつかっていく勤勉さ、粘りそして情熱。セールスとは持久力のビジネスだ。そして１００万ドルのキャリアを築くためには、根性が欠かせない。成功のためには、その要素は何ものにも代えがたいのだ。

ところで、グランド・キャニオンは毎日、大きくそして深くなっている。

わたしがインタビューしたもうひとりの人物、レオの場合、10回ルールは7回ルールというほうがあたっている。レオに言わせれば、とんでもないキャリア上のミスをしたあとで、初めてこの方程式に思い至ったという。多くの決断と同じように、その成否は時間が経ってからでないとわからない。レオの場合には、その決断が間違った方向を向いていた。

レオはフィラデルフィアで金融アドバイザーとして、大成功をおさめていた。ある特定の経済領域の経営者を相手に、何百万ドル規模のビジネスを動かしていた。レオが相手にしている投資家は、広範な分野のアメリカ製造企業のオーナー、プレジデントそして経営レベルのリーダーだった。このニッチなクライアント層を開拓しようというアイデアはすばらしい。レオの場合にはそのクライアント層は製造業界の経営者だったのだ。しかしレオの物語はそれだけで終わらない。

レオは仕事の出来が非常によかったために、セールスの文化で広く信じられている考えに結局は負けてしまった。つまり、優秀なセールスパーソンなら、それよりもっと優秀な〝マネージャー〟になるという考えだ。ほとんどの会社のセールス部門でも、すご腕をそのセールスの立場から引き抜いて、経営陣に昇進させようという利口な考えを持っていた。それはうまくいく、かな？

つまり、製品の販売でずば抜けている人は、その仕事の才能を、チームの人たちを管理・経営する仕事に向けられるはず、という意味だ。チームの他の人たちは、自分の行動や発言にリスクを負ってきた、つまり、現場に出て自ら手を下し、そしてよい成果を上げている、そんなセールスパーソンの成功者に群がると、会社は考えるものだ。

問題は、ものを売るのと、人で構成されたチームを指揮するのとは、完全に異なる技量だということだ。優秀なセールスパーソンは、自分が抱えているクライアントとの関係を育んでいくこと以外の経営面で、経験はほとんど、あるいは全くない。

彼らはほんとうのところ、自分自身を指揮する専門家にすぎない。これは、セールスパーソンは優秀なマネージャーにはならない、という意味ではない。そうではなく、彼らは、その立場になることによって自分自身がミスを犯していることに気がつかない場合がよくある、という意味だ。目の前にVP（バイス・プレジデント）の肩書と安定した報酬をぶら下げられると、舞い上がってそのクライアント名簿を引き渡し、快適なオフィスに向かおうとするセールスパーソンはたくさんいるのだ。

レオもやっぱり舞い上がった。あるチーム全体の報酬にあやかれるという考えは非常に魅力的だったために、次第に自分のクライアントをどこかに譲ってしまい、スーパースターからそこそこのマネージャーへと転向した。レオは今、それがとんでもない間違いだったと言う。マネージャーの立場になって〝大失敗した〟と素直に認めている。どうしようもなくなり、やがて会社を辞めた。

レオはしばらくぶらぶらして、次のチャンスを窺っていた。昔のクライアントは取り戻せなかった。なぜなら、クライアントとの契約には、競業避止義務があったからだ。新しいビジネスを確立するためには、全く新しいクライアントを開拓して、文字通りゼロから出発しなければならないのだ。

レオはそれでも傑出した資産運用者で、もし新しいクライアントを見つけられれば、もう一度、仕事で成功できるはずだと考えていた。しかし、新米のセールスパーソンのように、徒手空拳で始めなければならない。言うまでもなく、冷えきったところからのスタートには、数えきれないほどの拒絶にあっても、それに耐える覚悟が求められる。

読者はすでに、本書で取り上げられる以上、レオはきっと立ち直って100万ドルプレーヤーになったに違いないとお考えになっているのではないか。その通り！　レオが考え出した新しいクライアントの獲得計画は、結果的に10回ルールそのもののようだった。

まず、レオは半径100マイル（約160キロ）の範囲にある製造企業をすべて調査した。個々の企業で意思決定者が誰なのかを見きわめ、そしてついには、懸命に努力して、訪問相手のリストをまとめあげた。魔法のような仕事ぶりだった。その大半の相手は、レオのことなどまったく聞いたことがなかった。しかし、レオは彼らのビジネスを調査して、彼らの投資に対する要求を突き止めていた。レオはこうした材料のことを知り尽くしていたのだった。

次に、彼らに連絡を取り始めなければならなかった。これはセールスのプロセスの一環だ。これはとくに気が重く難しい仕事で、膨大な忍耐力を必要とする。

長い時間を覚悟した上での、こうした見こみのあるクライアントとのミーティングにこぎつけるための苦闘、それは大半とは言えないまでも多くの場合、失敗する、そんな苦闘を乗り越えるために、レオは、個々の見こみ客に数週間のうちに数えきれないほどの回数、連絡を取る計画を立てた。基本的に、その試みは、ぴかぴかの新人セールスパーソンがしなければならないこと、つまり見こみのあるクライアントの狙い撃ちだった。

・**接触の試み1、2、3：** 売りこみの電子メールを3通。そのたびにレオは自己紹介し、自分の経歴と実績によって、いかにクライアントの必要としていることに満足に応えられるかを簡潔に書いた。

・**接触の試み4：** 電話。運悪く、見こみのあるクライアントと話せなかったときは、自己紹介を留守電に残して、その後電子メールでも確認した。

・**接触の試み5：** 4回目の電子メール。「近々、そちら方面に参ります。時間も空けてあります。お会いして投資の機会についてお話をさせていただきたいのですが、いかがですか？」。

・**接触の試み6：** 2回目の電話。「差し上げた電子メールのことでお電話しています。ご興味があれば会っていただけませんでしょうか？　よろしければ、ご都合をお聞かせください」。

・**接触の試み7：** 最後の電子メール。「しつこくてお気に触ったとしたら申し訳ありません。わたしの経歴や専門的知識が貴社の現在の要請には適当でないと感じております。ただし、もし将来、連絡してみようというお気持ちになったときには、いつでもご連絡ください、お待ちしております」。

レオのキャリア復活で教えられるのは、本人がしたがうべき独特の方程式をつくり上げたことだ。それはある種、レオ自身が馴染んでいるプロセスだった。なぜなら、過去にそれをしばしば実践していたからだ。馴染んでいるものに頼ることによって、耐えるのがちょっとばかり楽になった。

自信をなくしたり、疲れて落ちこんだりしたとき、例の方程式にこだわった。レオは、自分には超人的な粘り強さのかけらもないとこぼすのかもしれない。それでも、状況が厳しくなったときには、自分でどのようにすればよいかがわかっていることを、ひたすら実行した。

ここでの教訓は、生まれながらの根性人間でなくてもよい、ということだ。あらかじめ、根性が求められるときにそれを呼び起こす算段をしていればよい。そうすれば、必要があればなんとかなるものだ。心構えさえあれば、最も厳しい戦いでもくぐり抜けられるのだ。

穏やかでもなく安らかでもなく

ジャクソン・ブラウン／ゴーイング・ホームは、1994年に制作された、ロックの伝説的シンガー・ソングライターのドキュメンタリー映画だ。この作品には、わたしの好きな根性と頑張りを語っているストーリーがある。イーグルスのドン・ヘンリーが登場し、ブラウンが歌を創作するための大切な教訓を教えてくれた様子を語っている。

あらすじはこうだ。1970年代の初期、二人がまだ有名でないころのこと、ヘンリーはブラウンと同じロサンゼルスの集合住宅で、ブラウンが住んでいるアパートの上の階の住人だった。ヘンリーに言わせれば、何度も何度も繰り返し近所でピアノで演奏されているその特徴的で反復の多いメロディーと同じものが、ブラウンのアパートからも流れてくるのを聞いていたという。ヘンリーはブラウンに演奏する曲を他のものに変えさせようと、床をドンドンと叩いた。しかしブランはちょうど"Doctor My Eyes"を作曲しているところで、歌を練りあげるには何度も繰り返す必要があった。ヘンリーが気づいたように、歌を書くのは、立派な仕事だった。

セールスと同じように、歌を書くためにはプロセスが大切だ。メロディーの探索は、見こみ客の探索のようなものだ。ヒット曲を生み出す反復のプロセスは、販売を決めるプロセスと何ら変わりはない。

レオの手法には、どこまでも尽きない忍耐力が必要だった。ただしそれは10回ルールのレオ版だ。そのキャリアの復活には、計画をたてること、粘り強さ、そして障害や拒絶を自分のせいだと考えない姿勢が必要だった。とにかく前進するしかなかったのだ。

挫折や困惑をはねのけて、仕事にあくまでも専念しようとするこの粘り強さ、積極さそして根性は、超成功者の間に共通して見られる特質だ。スポーツ界のヒーロー、ロック界のスター、大金持ちの起業家もそうした人たちだ。根性は本人の姿勢に直結するものだ。根性とは、長期的なゴールを目ざす情熱だ。プロセスの汗と涙のために、自我を忘れることだ。速球を顔面に当てられそうになっても、落ち着きを取り戻し、ホームランを打つことだ。

根性は成功者が生まれつき持っている特質と思われているようだ。しかしそれは現実に身につけられるものだ。考え抜かれたプロセスを整え、覚悟を持ってそれを忠実に実行すれば、自分なりの根性が生まれてくる。不屈の行動によって敗北感を振り払おう。そうすれば、まさにレオと同じように根性が身につくだろう。あなた独自の10回ルールをものにすれば、その成果が根性だ。

セールスのキャリアが始まった初期の段階では、数や量の多さで成功かどうかが判断される。接触する場所や機会が多いほど、販売を決める可能性が高くなる。電話をかける回数を指示され、努力してその回数を達成すれば、そこからビジネスの構築が始まる。台本を渡され、こう言われる「売りこんで来い」。際限なく時間を使って自分のことを知らない相手に電話をかけまくる。会社の名前を聞いて見こみ客が電話に答えてくれる時間は最初の15秒、しかしそれだけで終わる。そのとき、売るということはあくまでも個人技の仕事だという理解が始まる。

ボクシングのチャンピオン、マイク・タイソンが言った「誰にも作戦がある、顔面にパンチを食らうまでは」の意味は、すぐに理解できるだろう。つまり自分はこの顔面にパンチをもらうビジネスの世界にいることに気がつくのだ。それでも、あなたに根性があれば、やがては少しずつ先が見えてくるだろう。

首尾よく何件か売る。そこから、現実に実績を積めるかもしれない、そんな将来が覗く。粘り強さを身につけて、拒絶にへこたれない精神力を養い始める。どんな努力をすれば、最高の結果に結びつけられるのかを考え始める。システムやプロセスを充実させながら、成功をおさめているクライアントと連絡をとって、その知り合いを紹介してもらうのだ。それがセールスのプロへの道だ。

「挫折がつきもののビジネスです」とミッキーは言う。こう説明してくれた「儲かったと思うと、何かが起こります。マーケットが変化したり、金回りが悪くなったり、上得意客が仕事を変えたりする。そうなると、また一から関係を築かなければならないんです」。

ミッキーの拠点は南部にあり、企業相手に保険を売って信じられないような稼ぎを誇っている。それでも、懸命な努力や挫折とは無縁というわけではない。自らのチームと一緒になって、可能性のありそうな客一人ひとりに6回から12回ほど連絡を取らないと、見こみのあるクライアントにはなってくれない。それでも、そうした懸命な努力が販売で報われる保証はない。

「想像してみてください。電子メール、電話、顔を合わせての打ち合わせ、あらゆることを

15

して、初めて、クライアントのことがわかります。とにかくすべて実行してしまうのです」。とミッキーは話してくれた。次のステップは補償内容をまとめあげることだ。「あらゆるクライアントの要求とあらゆる規制を必死に把握し、そして提案書をまとめあげると、自分が全体を引っ張っているような気分になります」。そんな段階になっても、クライアントはノーと言えるのだ。

ミッキーは言う「そうなると、感情と金銭両面での挫折です」。それでも本人が壊れないでいられる理由は、そうしたことがあっても、最後の最後には、失った契約の埋め合わせだけにはとどまらない、それ以上の契約を獲得するからだ。

ミッキー、レオそしてメアリーは超優秀なセールスパーソンだ。しかし、彼らの才能、運、頭脳そして技量を越えたところに、忍耐の資質、根性の資質そしてそれにひたむきに取り組む資質があるのだ。彼らのあたって砕けろの姿勢、そして必要と決めたら何度でも挑戦する姿勢が、彼らこそ10回ルールの達人であることを証明している。

秘密

その16

一日を支配しよう

パーシーは金融会社を経営、繁盛している。その従業員の数は、ちょうど、ひとり、パーシーだけ。独立独歩の保険のセールスパーソンで、引退した人たちの資産運用の専門家だ。具体的には、エリートのセールスパーソンを相手に、彼らの資産を保全し増加させて、安心快適な明日を確実なものにするために力を尽くしている。これまで30年かけて、自らの帝国を築き上げてきた。その拠点は、ニューメキシコ州のアメリカで最も美しい小さな町のひとつ、サンタフェの自宅にある。

独立系企業のオーナーとして、パーシーはひとりで経営するのに必要なあらゆる業務をこなしている。それは、簿記のような日常的な作業から、最も肝心なクライアントとの一対一のミーティングを月に10回こなすための出張旅行にまで及んでいる。

金融サービス専門会社を経営する難しさと、あらゆることに責任を負うことの厳しさは想像できるはずだ。どのようにしてあらゆることをこなすのだろうか？　どうして些細なことに煩わされないですむのだろうか？

それは、パーシーが自分の一日を支配しているからだ。

〝一日を支配する〟とは「最も独創力のあるときに最も重要な仕事をする」という意味だ。一日を支配するとは、〝あなた〟が自分の時間の利用法をコントロールすることであり、自分の時間は最も価値ある資産なのだ。パーシーのような100万ドルプレーヤーには、わかっている。彼らは自分の時間とエネルギーをどこまでも守り抜く。言い訳はしない。だから、彼らは自分の成功にとって最も大切な活動に、時間とエネルギーを注ぎ込めるのだ。

〝一日を支配する〟のは、自分独自のエネルギーのパターンをよく知ることから始まる。あなたは自分のパターンがわかっていますか？　人によっては、ランチの前にエネルギーがピークに達する。世の中の人たちがベッドに入ろうとしているまさにその時間に、絶好のコンディションになる人もいる。一日に何回もエネルギーの起伏のある人もいる。そして、わたしの今述べていることが理解できない人は大勢いる。というのも、彼らは一日のうちのどの時間帯に最も活動的になるかを考えたことがないからだ。

自分の一日のエネルギーパターンを見きわめそして有効活用するためには、多くの力が必要だ。もし自分の最高のときがわかれば、その時間帯に最も重要な仕事を入れればよい。自分のエネルギーを注ぎ込もう、そうすればもっともっと創造的になれる。

パーシーはわたしと同じ朝型人間だ。パーシーは朝の6時から正午までが最高だという。そこで、きわめて重要な仕事、たとえば、クライアントのために財務面の意思決定をするといった仕事を、その時間帯に終えられるような段取りを組むのだ。その日の残り時間には、それほど重要ではないことに取り組む。仕事が終わるのは普通、3時から4時あたりだ。このエネルギーが少なくてすむ時間帯に、さまざまな出費を考え、調査をし、また、出張のための予約を入れる。

パーシーは滅多に午後の時間帯に電話の予定を入れない。なぜか？　そのころになると疲れているからだ。さらに、最も大切なことは、既存のクライアントあるいは見こみのあるクライアントと話をするときに、エネルギーをピークに持っていくことだと理解しているからだ。クライアントのほうも、必ずそう伝えられるから、わかっている。たいていの人は、日常的に、財務面でのアドバイスを受けるため午後の2時に電話をするつもりはなく、それでよしとしている。もしも、あなたの将来の大半がパーシーの肩にかかっているとしたら、最高の状態のときのパーシーをつかまえるのがよいだろう。

エネルギーを割り当てよう

自分自身にとって、一日のうちの最高、最低の時間がわかっている場合でも、時間をかけてエネルギー・マップをつくる価値がある。というのも、この作業によって、視界が開け方向が明確になるからだ。その通り、この作業は簡単なので、実際に実行すべきだ。

1　記録するための具体的な時間枠を設定する。一週間でいいだろう。

2　記録している日ごとの働く時間の長さを決める。われわれは普通、朝6時から夜9時までを薦めている。

3　3つの欄のある表をつくる（昔からの学校のノートがわれわれは好きだ。好みでスプレッドシートでも結構）。それぞれの欄に、〝時間〟、〝エネルギー〟、〝仕事〟と書く。

4　時間ごとに記録するため、アラームをセットする。毎時間アラームが鳴ったときに、時間、そのときしていること、どれほどの活力を感じているかを記録する。そこでは簡単な5段階評価法を使う。5＝月まで走って往復できる。1＝ほとんど何もしていない。

週の終わりにはグラフを書く。X（タテ）軸には〝エネルギー〟、Y（ヨコ）軸には〝時間〟と書こう。ワークシートに記録したデータを使ってグラフを作成する。するとすぐに、あたかもダウ・ジョーンズの株価推移のようにエネルギーの山谷が見えてくる。そこで、もう一度〝仕事〟欄に目を向けてみよう。どうすれば、最も重要な仕事を、エネルギーが最高潮の時間に移せるだろうか？

エネルギーはわれわれにとってこのグラフのように上下するものだ。あなたにはすでに、自分が自然に最高の状態になる時間、そして最強のエスプレッソでも仕事をする気になれない時間がわかっているだろう。頭を机にぶつけて目を覚まそうとした経験は？　おそらくそんなことをするのは、エネルギーが高まっていた時間帯ではないだろう。気がついて時計を見て、いつの間にか何時間もたってしまったことにたまげた、という経験は？ 時間に気がつかなかったのは、エネルギーにあふれ、神経を集中させ、創造的になっていたせいだろう。だからもし、大半の人たちに、自分のエネルギーの最高最低について知識らしきものがあるにしても、なぜ、彼らはパーシーがしているように、それを活かそうとしないのだろうか？

その答は実にわかりやすい。われわれは、生産性ではなく、時計によって支配されている、これが答だ。だから、〝一日を支配しよう〟の第2部は、自分自身の予定を立てて最も活力のある時間帯を有利に活かすことから始まる。そこで紹介したいのが次のような事例だ。

ガートルードは、そうだ、こう呼ぶのは〝絶対に〟やめて言い換えよう、トゥルーディーは、その輝かしいキャリアの初期の段階から、こんな風に考えていた。つまりすべてのことをこなせるだけの時間が十分にあるわけではない、しかし自分がエネルギーを集中しそれを巧みに利用する術を身につけてさえいれば、大切な仕事を仕上げるための時間は、どんなときにも、十分にあるのだ。

アメリカ最大手の居住用不動産会社の一社で働く代理人として、トゥルーディーは集中する達人だ。それでも、この仕事に就いて最初の数年間は、時間に振り回されてばかりいた。来る日も来る日も、気が散ることばかりの連続で仕事にならなかった。電話、いきなりのミーティング、電子メールの連絡、突然相談のために声をかけて来るスタッフなどなど。誰もがおなじみのものばかりだろう。

たいていの人の例にもれず、またほとんど毎回のように、トゥルーディーは仕事の手を止め、その邪魔ものに気を取られていた。気がおかしくなった。自分のしたい仕事ができないばかりか、完全に集中力がなくなって、まともに達成できるはずの仕事はどれもこれも、とてもお粗末なものになっていた。

トゥルーディーの会社はセールスの生産性の大切さを理解して、本人に一連の時間管理の講習会を受講させた。そのおかげで、いくつかとても参考になる考え方を学んでいる。しかし、いざそれを応用しようとしても、本人の日常は、気がおかしくなる状態から一向に改善しなかった。そこで初めて、自分にとって管理が必要なのは〝時間〟ではないことに気がついた。必要だったのは、管理に〝集中する〟ことだった。自分に問いかけた、どうすれば最高の生産性を確保できるのか? そして、ひとつの答えに行き着いた。それは、「一度に、ふたつ、3つ、あるいは10の仕事をしようとするな」。

時間枠の確保をしてみよう。それが、一日を時間ではなく行動で区切ってくれる生産性を確保するための規律ある手法だ。トゥルーディーはこうした行動を〝イベント〟と呼んでいる。電子メールを読んで返事を書くために割り当てられた時間は、イベントだ。電話をかけたりそれに答えたりするための時間も、また別のイベントになる。予算組みのための時間も、もうひとつのイベントだ。セールス・ミーティング、住宅の物件への案内、身体のトレーニングでさえ、その一つひとつがトゥルーディーの予定に組み込まれる行動なのだから、イベントということになる。

トゥルーディーは一日一日を時間単位の長さに切り分けて、そのうちのひとつ（あるいは半分、または2、3の単位にして）を実行する予定のイベントに割り当てる。紙製のカレンダーを使って、これらの時間を、色で塗り分け四角のブロックとして書き、一日の時間割をわかりやすくして見せるのだ。

その四角いブロックに自分の仕事を書きこむ。そして割り当てた四角いブロックの時間の中で、もっぱら計画したことだけをする。もしトゥルーディーの一日が8時間なら（実際にそれで終われば、それは本人にとっては楽な一日になる）、四角い区分を8個つくり、そこにその日一日の要件をすべて埋めこむ。

毎日夕方になると、仕事を終えてオフィスを出る前に、翌日のためにブロックをあちこち動かして再調整する。トゥルーディーは高エネルギーの仕事と低エネルギーの仕事の配置をやりくりし、最高の状態でないときに重要な仕事につかまってしまわないようにしている。

トゥルーディーのカレンダーは、どの日をとっても次のようになっている。

午前7時　オフィスに入る、手にはコーヒー。

午前7時から8時　その日のニュースをチェック。これでクライアントやチームとの間の話題ができる。いくつかのニュースレターを定期購読、関係のありそうなウェブサイトを見て、重要なことはメモをとる。情報が入ってくることを重視しているからだ。そしてこの静かな時間によって、ゆっくりコーヒーを飲み、そして精神的なエネルギーを蓄えられるのだ。

午前8時から8時15分 その日の仕事を再確認する。

午前8時15分から午前9時 〝デイリーハドル〟で相談したいことを何でもメモしておく。この〝デイリーハドル〟は、定例の10分以内で終わる〝一般教書〟的ミーティングのことで、毎週月曜から木曜までの毎日開かれ、そこでオフィスにいる全員に、その日の予定が周知される。

午前9時から9時10分 〝デイリーハドル〟

午前9時10分から10時 トゥルーディーは電子メールと格闘。

午前10時から11時 電話をかけたり、返したりする。

午前11時から正午 トゥルーディーは、そのクライアントが興味を持ちそうな不動産を見つめる目で、住宅販売と新しい物件のリストを徹底的に調べる。

正午から午後3時 ここがトゥルーディーの高エネルギーの時間帯で、クライアントと連れ立って外出する。

トゥルーディーにはもうひとつ、一度にひとつのことだけに集中する方法がある。具体的には、一日のうちで絶対に邪魔されない特定の時間帯を決めてあることをはっきりさせておくのだ。オフィスにいて、電話や電子メールに専念しなければならないとき、トゥルーディーは部屋のドアを閉め切って、外にこんなサインをぶら下げておく〝フォーカスタイム〟。

このサインが出ているときは、緊急のとき以外、誰も邪魔しようとはしない。このフォーカスタイムの考え方はクライアントと会っているときにまで広げられている。つまり、外出して物件を案内しているときは、携帯電話を切ることにしている。だからトゥルーディーはクライアントと一緒のときには絶対に電話を取らない。完全にクライアントだけに集中しているのだ。

ハドルを組もう

コミュニケーションというのは、あらゆる形、あらゆる規模でおこなわれるものだ。しかし、その最も重要な側面のひとつは、流れだ。コミュニケーションの中には、突然おこなわれるものもあれば、個々ばらばらにおこなわれるものもある。しかし優秀なセールスのプレーヤーは、それとは違った種類のコミュニケーションを必要としている。そこで、クリエイティブ・ヴェンチャーズでは、コミュニケーションをとるためのシンプルな方法を編み出した。これはこの調査の対象となったプロの多くが、その伝説的なループに全員を組み入れておくために活用している方法だ。

このハドルは計画的におこなわれる日々のグループミーティングだ。そう毎日だ。すぐに終わる、5分から10分だ。朝おこなわれ、その日の始まりになるのが普通だ。ハドルの形態は、各個人が参加するテレビ会議、あるいはフェイスタイムかスカイプ経由のどちらかだ。ハドルの議題は、必ず3件以内におさめられている。

このハドルは厳格なチーム戦略で、これによって誰もがその日の最も重要な情報を把握できる。しかもセールスの時間は犠牲にならない。試してみよう！


時間枠を確定させる手順を修得するためには、訓練が必要だ（初心者のための助言：アラームを使うことで各時間区分の終わりがわかる）。しかしトゥルーディーの場合にはその見返りがある。トゥルーディーとそのチームは、その組織全体で最も生産性の高いグループのひとつで、トゥルーディーは時間管理の講習会で学ぶ立場から、今では講習会で教える講師にまでなっている！　その時間確保のシステムについて企業の集会や全国的な業界のイベントで講演を依頼されることもよくあるのだ。

ミーティングの罠を避ける

わたしならミーティングにまつわる間違いをテーマに、十分に1冊の本が書ける。そうした生産性のブラックホールは誰彼なくその人生を奪い取る。

普段は次のような感じでミーティングが始まる。席に着いて、仕事をしている。するとミーティングの時間になる。1時間の予定だ。部屋には5人いる、ということは、実はこの1時間のミーティングは5時間のミーティングということになる。なぜなら、個々の出席者は、他の仕事から切り離されてきているからだ。また、彼らにはそれぞれ、ミーティング後のフォローアップの時間が必要で、しかもミーティング前の仕事のペースも取り戻さなければならないのだ。

その一方、ミーティングには相談することが何もないという嬉しいチャンスがある。つまり、決めることが何もない。全く予定が立てられていない。遂行するプロジェクトがひとつもない、というミーティングだ。

もしあなたがなぜかミーティングの予定を立てる役回りなら、開始も終了（朝のミーティングでは、ドーナツのなくなったときが終わりだ）も時間は厳格に守り、そこで何を決めたいかを明確にしておくことだ。

もしあなたがミーティングに呼ばれた側の人間なら、ミーティングの目的がはっきりとはわからない。だから、立場が上で、厚かましいともチームプレーができない人間だとも思われる心配がないなら、次のことを聞いてみよう、そうすれば少なくとも事前の心構えはできる。

・議題は見せてもらえるかな？
・私はそのミーティングで何を期待されているのかな？

トゥルーディーとパーシーは、自分のエネルギーを蓄えておくことの大切さを理解している。残りのわれわれは、ゆっくりとそれでも確実に、自分の仕事をしながら自らを死に追いやっている。われわれは毎日、14時間働いていることを全く考えていないからだ。

われわれは、自分自身が壊れる限界を越えてまで働こうとしている。頭では、残業の時間は必ずしも生産的でないとわかっていそうなのに、それでもわれわれは睡眠不足になり、ろくでもないものを食べ、運動不足をいとわない。なぜなら、「もっと」がゴールだと思っているからだ。それはゴールではなく、単なる標語にすぎない（秘密その5〝もう一段上〟を心がける、を参照）。「もっと」は自動的に「よりよく」という意味になるのではない。そして「よりよく」の意味は「一番よい」ではない。

さて、〝一日を支配しよう〟は、パーシーやトゥルーディーそして、その他、長い年月をかけて高い地位を獲得した経験豊かなセールスパーソンのようには、あなたの場合、簡単に実現できないかもしれない。成功をおさめればおさめるほど、立場が上の人はあなたの一日の予定を立てられる範囲を拡大してくれる。しかし、もしあなたがまだそこまでのレベルに達していないのなら、自分の一日をコントロールするのはもっと難しくなる可能性がある。というのも、上の人から何々をしろと要求されて振り回されるような立場にいるからだ。もちろん、パーシーの場合には、自分が自分自身のボスになることによって、もしもっと大きな組織でトップの実績を上げていたら得られたはずの自由以上の自由を獲得しているのだ。

しかし、あなたが彼らのレベルにまで達するためには、力の及ぶ限りの範囲で、自分の一日をコントロールしなければならない。日々の終わりには、自分にとって最も大切なことに最大のエネルギーを注ぎこんだと感じるべきだ。自分のエネルギーを見定め、強化しそして大切にすることによって、より早くそしてより効率的に自らのゴールに到達する道が開かれるのだ。

秘密

その17

独自の尺度をつくろう

セールスの信仰の対象は計測だ。セールスパーソンは、データ、数字そして目標基準、つまり自分が今取り組んでいることに対する客観的な視点を与えてくれるものの祭壇に祈りを捧げる。セールス業界の計測へのこだわりは、野球の場合とよく似ている。

ファーストにいるのは誰だ

技術の進歩のおかげで、われわれは、これまで以上にすばやく数字を集約できるようになっている。これが一番顕著なのは野球だ。この野球は、アブナー・ダブルデイ将軍の第一投によって投球数の計算が始まって以来このかた、さまざまな尺度にこだわってきている。あなたが野球のファンでなくても、打点と防御率が何かはおそらくわかっているだろう。

しかし、野球は昔から何でも計測するような世界に入っていた。未来的なシステムであるスタットキャストは、高精細カメラやレーダーといったテクノロジーを、異常なまでに使いこなしている。
センターの選手が、テレビのスポーツ番組『スポーツセンター』のハイライトで取り上げられるような、ダイビングキャッチをするときの加速度に興味があれば、それもわかる。
異常なまでの計測は、大リーグでは盛んにおこなわれている。

計測には大いに意味がある。セールスには、これまでもそしてこれからも、目に見える成果が求められる。つまりそれは計測できなければならないのだ。ビジネスの世界では、ことわざにもある通り、〝計測する対象は管理できる〟。

しかし、コンサルタントにもことわざがある。「あらゆるものを計測するというのは、何も計測しないこと」秘密その17は、あなたが大切にしているデータに関心を向ける、そのための秘密だ。

これは、親切な会社からどっさり押しつけられる統計数字の過剰な負荷に苦しんでいる大半のセールスパーソンにとって、簡単な話ではない。何でも計測しようとするビジネスの世界では、セールスパーソンは永遠に続く生データの氾濫に悩まされる。企業は常に、圧倒的な量のデータをセールスチームに押しつけようとする。データを雪崩のように押しつけられても、何ひとつ役に立つことはない。

そして、常にデータを把握しているのが好きでない人にとっては、セールスの数字のリストがひたすら拡大しているように思えるのだ。経営陣の想像力がたくましく、関心を持ったものを実際になんとか新しい方法で数字化したいという欲求には際限がないようだ。

企業が計測するのは、セールスパーソンひとりあたりの収入、要求に応えるまでのリードタイム、売上の可能性、会う約束を取りつける率、売りこみの成功率、売上原価、そしてセールスの周期などなど。

そうだ、計測に名前をつけよう。簡単に頭文字の略語がつくれて、一丁あがり！　たとえば、ACV（クライアント一人当たりの年間売上高）、AMRR（毎月入る売上の平均額）、CAC（クライアント一人を獲得する費用）、FAB（特長、優位性そして有益性）、OKR（目的と重要な成果）そしておそらくこの他の名前は、今後、発明されることになる。

一方、セールスパーソンは誰でも、ボスに対して膨大な量のデータを提出するよう求められている。たとえば、売りこみ電話をした回数、販売する製品ごとの割合など。

もしあなたも大半のセールスパーソンと同じなら、セールスの文化のこの側面が大嫌いのはずだ。顕微鏡的な管理が行なわれ、腹が立つし、個人の時間と才能の浪費のように思える。もし私がセールスのマネージャーなら、セールス部隊に求められている仕事をひとつ残らずチェックして、実際に取り組んでいる販売と関係のないものはすべて、直ちに排除するだろう。

〝集積されたデータをどれだけサポートスタッフに任せられるだろうか？　どれほどのデー

タを一気に排除できるだろうか？〃と考えるだろう（ところで、これは知的そして感情的エネルギーを蓄えるもひとつの方法だ。秘密その16一日を支配しよう、でも紹介している）。

価値のある成績評価をするためには、何かを手がかりにしてデータを計測しなければならない。もしあなたが、陸上の高飛びの選手だったら、成績は単純な数字で判定される、つまり、バーを越えたか？

そう、セールスもこれほどのシンプルさならよかったのに。

セールスパーソンのために〃バーをセットする〃という作業は、会社がセールスパーソンに与える翌年のゴール、つまり恐ろしい年間の予算組みから始まる。このプロセスには、独自の年間最大の非公認期間、つまり予算シーズンがある。

この楽しみは、ある数字が上からおりてきたときから始まる。この神聖な数字は、会社が何をセールス活動に期待しているかを表している。普通、セールスマネージャーのところに行く。マネージャーはそれをいじくり回し、自分のチームと相談し、そしてこう尋ねる「いいか、みんな。これが来年の収入の見通しだ。自分の数字をどのようにして達成するつもりか？」。もうひとつ別のシナリオでは、セールスパーソンは自らの経験、得意先そして全体的な他の要素に基づいて、自分なりの見通しを立てるのだ。

なぜ、セールスを把握し予測（しようと）するための計測という計測にそれほどこだわるのか？　それはわかりにくい話ではない。セールスはどんなビジネスの場合でも、活力の源なのだ。収入をもたらしてくれる。そしてそれがなければ……答は自明だろう。

計測はまた、不安な気持ちを一時的に和らげてくれる。自分が現実に何かをしている、という証になる。あなたが〝数字を達成した〟とき、祝福してもらえる。〝期待以上の成果を上げた〟ときには、それよりもっと大きなパーティーがある。数字が会社の期待したゴールに届かない場合には、深刻な話し合いが待っている。わたしにはわかっている。われわれはみな、セールスの実績を計測する必要性がわかっているのだ。

わたしがインタビューした人たちが扱っている尺度を見て、わたしは素直に驚かされた。というのも、彼らのうち実に多くの人が、要求されている以上にさまざまなものを把握していたからだ。そう、これは奇妙な話、しかし100万ドルのセールスパーソンの多くはそうしているし、彼らにとって、それは全く時間の無駄ではなかった。トッププレーヤーは会社からのお仕着せの物差しだけで、自分の実績を計測するのではない。彼らは、自分独自の尺度を持っているのだ。

トッププレーヤーが把握し計測している具体的なデータは、彼らの個性とゴールしだいで変わる。メアリーは、セールスの案件ごとに聞く〝ノー〟の回数を把握するようにしている。たとえば、秘密その13スピードよりもノーミス、で紹介した、すご腕の不動産仲介人ブランディーは、過去、現在そして未来のクライアントを対象に毎年開いている豪華なパーティーに集まるクライアントの動向を常に把握している。

ブランディーにはパーティーに必ず来る人来ない人がわかっており、自分のデータを活用し、来ない人に対してさらにエネルギーを注ぎこむ。クライアントと、それも長年のつきあいのあるクライアントでも、常に連絡を取ることによって、つながりが強くなると考えている。そして強い結びつきがあるからこそ、多くの人を紹介してもらえるのだ。だから、パーティーに出たくない人が誰なのかわかったら、別の手段での接触を考える。

しかし、ブランディーのパーティーの尺度が客観的な数字であるのに対して、他のプレーヤーの独自の尺度は主観的で数値化も難しいものだ。彼らの多くは成功に導いてくれると信じる漠然とした振る舞いに常に目を向けている。個人のプレーヤーとそのチーム以外誰も、こうした個人的な尺度のことを気にしないことが多い。

しかし、プレーヤーに言わせれば、常に把握を心がけているものが何であっても、そのおかげで、自分たちの現在の立場と、将来つくろうとしているものの両方が理解できるようになるのだ。

レジーはこれまで15年間、同じ会社で働き、たとえば、MRI、CT、PET、超音波、X線といったさまざまな医療用の放射線機器の仕事に励んできた。こうした機器は安くはない。しかし病院や診療所にとっては必要だから、それを誰かから購入しなければならないのだ。

レジーは聡明なプレーヤーで、磁場に対する小波動放射の影響について、世の最高の放射線学者と、あるいは同じテーマで物理学者と、対等に議論ができる。

シカゴを拠点にしているレジーは、100万ドルのセールスパーソンとして、常に、その経営陣から要求されている数字をすべて把握している。しかし同時に、会社の採点表には〝ない〟統計数字、つまり販売にかかった時間、も追いかけている。言い換えれば、一日のうちどれほどの時間を、ミーティングや管理の仕事のような収入に直結しない活動にではなく、実際に、本来の仕事のために使ったのか。

とにかく報告書を書く

たぶん、あなたはレジーの感じ方と同じだろう。つまり「わたしはあまりにも多くの時間を、報告書を書き上げるために使っています。販売活動の時間が十分にとれません」と言っている。日常的な管理の仕事のために集中力を高めようと考える。それは次のようなことだ。「この仕事は退屈だ、しかし大事だ」。レジーは言う「わたしの会社は、会社が重要だと考えていることを追跡しています。私は会社が利用しているたくさんの尺度が気に入っていますし、大局的な見地からのその重要性を理解しています」。

「それも仕事のうちだ」。「〝わたし〟は〝会社〟のために働いています。従業員でいるための要件があり、そのひとつは月次の報告書を書くことなのです。指示されたことをしていれば、その努力に対して報酬が支払われます。わかりやすい方程式です」。
しないよりは、したほうがまし。「彼らから見て、わたしの成績が振るわないときに、〝校長室に呼ばれる〟と、あまりにも気が滅入ります」。あなたのエネルギーマップ（秘密その16 一日を支配しよう、を参照）から取り出した情報を活用して、報告書をやっつけるための最高の時間帯を個人的に見きわめよう。

レジーは自分で自分のデータを集約して、予定表に書きこんでいる。直接的なセールス活動に関わったときは必ず、つまり、電話、クライアントとのミーティングあるいは製品のプレゼンテーションなどをしたときには、自分の予定帳にかかった時間をメモし、そこにSと記録しておく。午前中、クライアントの電子メールに返事を書くのに1時間かかったなら、緑のインクで〝朝9時から10時＝S〟と書く。午後、外出して売りこみをしたら、〝午後1時から6時＝S〟と書く。レジーにとっては、この時間はすべて〝販売に費やした時間〟になる。

レジーが確定させようとしているのは、販売を成約させるために費やす時間の長さであり、一日の中でいらつかされる仕事にかまけている時間がどれくらいあるかということだ。

レジーがわたしにカレンダーを見てもよいと言ってくれたので、適当にある一日を覗いてみると、そこには緑のインクで書かれたふたつのSがあった。「ひどい日でしたよ」とレジー。

「実際に売るという仕事になったのはたった2時間ほどでしたからね」。同じページの赤で書かれたMを指さした。皮肉なことに、赤いMの意味を尋ねると、「ほとんど丸一日、費用を把握するための新しいソフトウェアの検討ミーティングでした。時間の無駄もいいとこですよ！」

レジーの〝販売に費やした時間〟はかなり主観的な尺度だ。どんな活動が〝販売〟にあたるのか、そして毎日そうした活動に何時間かけるのかの判断はレジー自身にかかっている。しかし、Sの印に関心があるのは本人だけなのだから、完全な客観性や正確性はそれほど重要ではない。重要なのは、その尺度のおかげで、本人が刺激され意識の集中を心がけることだ。「私の〝販売に費やした時間〟を常に忘れないことが大切だと思っています。一日の締めくくりに、緑のSの印を見て、気分を一新させます」。もしSの文字が多ければ、気分はハッピー。そうでないときには、「明日は今日よりもっとよくなるチャンスがやってくると期待するんです」。

もうひとりのシカゴの住人であるフィッツは、ミシガン湖のはずれ、ワッカードライブ沿いにある、輝くようなタワーを拠点にセールスチームを率いている。大成功している。フィッツは難題を抱えている。ばりばりのセールスパーソンで、しかもタワーでは〝17階のキング〟ではあっても、勤務している巨大な世界的金融サービス会社と、しばしばもめることがあるのだ。フィッツは全米セールスマネージャー25傑（世界では75人）のひとりで、その仕事の成績は、会社の方針や世界経済をはじめ、本人のコントロール範囲をはるかに越えた条件によって、影響を受ける。フィッツが責任を負っている相手は、全米を統括しているセールスディレクターで、居場所はイーストリバーを見下ろすニューヨークのオフィスタワーだ。

何年も前、フィッツは、会社が自分に当てはめてくる尺度についてほとんど何も言えないことに気がついた。何かもっとよい計測の仕方がある、そのほうがもっと役に立つし、よい結果にもつながると考えたのだ。そこで、そうしたアイデアを上司に売りこんだ。うまくいかなかった。

これでフィッツは困ったことになった。実績を計測する会社の手法と自分が望む手法との板挟みだ。ところが、やがて、とにかく前進して自分の尺度を使うというアイデアに行き着いた。会社の要求を満たしながら、同時に自分の特殊なシステムを使って、自分とチームの実績を計測するのだ。こんな風に。

最初に、目的を明確にする。フィッツとそのチームは、測定可能なゴールを設定することによってこのプロセスに着手する。期間は、四半期、一年あるいはそれ以外でも任意に決めればよい。理想的には、目的は3つ以下におさえる。たとえば（1）全体の売上高をXパーセント増加させる。（2）新しいクライアントをYパーセント増やす。そして（3）ある特定のカテゴリーの売上高をZパーセント伸ばす。

次に、求める成果につながる行動に焦点を当てる。計測とデータだけにこだわっているため、会社は結果そのものだけに目を奪われ、何がその結果をもたらしてくれたのかをほとんど考えようとしない。ある成果を達成するための最善の方法は、その成果を生み出してくれるものを突き止め、それにもっと力を入れることだと、フィッツは理解している。なぜなら、長年、自分のチームのテクニックを学んだことによって、たとえば、新しいクライアントを獲得するために必要なものが何であるか、わかっているからだ。もし部下のセールスパーソンが、普段、脈のありそうな人20人に新たに連絡をしてやっと、そのうちのひとりに関心を持ってもらえるなら、そして次の四半期には新規のクライアントを20人獲得したいのなら、フィッツは４００人の見こみのあるクライアントに電話をかけろと言う。

　フィッツはまた、マネージャーとして、そのセールス部隊を助ける最善の方法をよく知っている。それがセールスパーソンの訪問先に付き合うことであったり、プレゼンテーションを用意を手伝うことであったりもする。

　最後に、結果を評価する。個々のセールスが終わるたびに、フィッツはそのプロセスを最初から最後まで見直す。成約を終えたチームとの短時間のミーティングで、フィッツはこんな風に尋ねる「何が、望んでいた結果につながったと思う？」４００人に連絡をしたから？　それとも何か他のことか？　自分自身の関わりについても見直す。つまり、十分に力を貸したか？　手を出しすぎたか？　力を貸したことでうまくいったことは何か？　この情報をノートの１ページに集約して書いておく。このノートが先々の行動計画を練り上げるときに役立つのだ。

フィッツは毎日、自分のゴールと周りの状況の見直しを心がけている。毎朝、いの一番にすることは、会社のイントラネットに入り、前日に成約されたばかりの取引のすべてに目を通す。他のセールス部隊はどのようにしていたのか？　彼らの上を行っているか、それとも下か？

もし、上を行っているなら、そのデータによって自分の行動に確証が持てる。もし行動がそれなりの成果をあげていないなら、修正する。フィッツは、会社のデータの押しつけを受け身のままで待たないプレーヤーの絶好の例だ。フィッツをはじめ他のセールスパーソン仲間は、自分独自に考えたゴールを設定している。頼るのは成功の後押しをしてくれる独自の尺度だ。フィッツの個人的なビジョンは、会社のデータに代わるものでも、競合するものでもない。

それは、成功のひとつの要素にすぎない。フィッツは自分の手法対会社流の手法を、ガンボスープのボウルに例えている。つまり、いろいろな材料を混ぜることによって、さらに味が変化するおいしい料理で、この場合は、驚異的なセールス記録になる、というわけだ。

「たいていの人は、毎日ベッドから起き上がるでしょ、なぜだかわかる？」とメレディスがわたしに聞いてきた。メレディスのオフィスで、一緒に腰を下ろしていた。〝とても〟小さな部屋だ。デスクに脇机、窮屈そうに置かれた2脚の椅子、それだけだ。

17

「さあね。なぜなの？」逆に聞き返した。

メレディスも「なぜだか本人たちにもわからないでしょ」。

わたしはこの話が好きだ、というのも、本当だと思うからだ。けれども、これはメレディスの場合には当てはまらない。毎日ベッドから起き上がる理由は、映画『ブルース・ブラザース』のセリフを拝借すれば、神から与えられたセールスの使命を帯びているから。メレディスは住宅販売で何百万ドルもの売上を稼ぎだし、ダラスの不動産業界の一大プレーヤーになっている。

メレディスには専任のアシスタントがついている。これは取引をまとめてしまう腕前のすごさを物語っているのだ。同じオフィスにいる他のほとんどの仲介人には共通のサポートスタッフがいる。ところが、2、3年前、メレディスはオフィスのマネージャーのところに行き、一枚の契約書をそのデスクの上に置いたのだった。そこには大要、次のように書かれていた「フルタイムでサポートする人をつけていただければ、6か月以内に売上を15パーセント増加させます。これができなければ、この人を召しあげていただいても結構。アシスタントにはジャネットを」。オフィスのマネージャーの前でこの書類に署名した。立派なドラマだ。そしてこのドラマは非常にうまくいった。ジャネットを得たメレディスは、売上を19パーセント伸ばしたのだ！

ジャネットは、メレディスの個人的尺度のもとですばらしい働きをしている。日々確実に、メレディスの手法に忠実にその一日の仕事を始めるのだ。それは映画の『恋はデジャ・ブ』の不動産版のようだ。ひとつ違っているのは、主演のビル・マーレイが毎朝クロックラジオから流れる『アイ・ガッタ・ユー・ベイブ』の歌で目を覚まし、同じ日の繰り返しをすることだ。ジャネットは次の情報のセットを持ってメレディスのオフィスに入っていくことで、メレディス自身の仕事への活力を呼び覚ます。メレディスはその日のジャネットをこれで測定している。

〝現状のクライアントデータ〟　この情報のセットには、ちょうど家の購入を決めた買い手、メレディスがまだ住宅を見せて回っている最中のクライアント、そして今扱っている売却希望物件の主が書かれている。各カテゴリーに何人のクライアントがいるか？　誰か、すぐに対応しなければならないクライアントはいるか？

〝見こみ客のデータ〟　これが昔から伝わるセールスの情報ルートを維持することにつながる。人脈のありそうなクライアントがメレディスの仕事では何人いるか？　紹介してもらったクライアントの何人をフォローしなければならないのか？

〝実行すべき項目〟　これはメレディスが達成しなければならないさまざまな対象のことだ。たとえば、メレディスとジャネットがあるクライアントが売りに出した家でカクテルパーティーを開こうとしているとする。その日に実行すべき項目の中には、そのイベントと関係するものもあるだろう。このデータセットは実行課題リストのように、うさん臭いかもしれない。しかし、それでも、メレディスが自分の進捗を測定できる物差しには違いないのだ。一つひとつ項目を抹消しながら、前に進んでいく。それは数量化できる計測なのだ。

わたしはとりわけ、この日課が気に入っている。ジャネットがデータを視覚的に非常に分かりやすくして、具体的には3色に塗り分けたインデックスカードにデータを書きこんで、メレディスに伝えているからだ。黄色いカードは見こみのあるクライアント。白いカードは実行すべき項目だ。

このインデックスカードは毎日更新されているので、そこに書かれているデータは常に最新だ。メレディスはそれらのカードを見えるようにデスクの右側に置いている。その日に把握しようとしているデータを、非常にわかりやすく思い出させてくれるようになっているのだ。

メレディスの実績評価システムは本人独自のものだ。これらの尺度を使って毎朝気分を一新し、達成しなければならないことが何かということに基づいて、その日の行動を具体的に決めていく。そのインデックスカードによって、行動にまつわる戦略を練るのだ。目的を持って仕事に臨む、その礎にあるのは個人に特化した実績の尺度だ。これはメレディスが長年のセールスのキャリアからつくり上げたものだ。自分にとって有効に働くものを計測している。

優秀なセールスパーソンは、非常に個人的な計測モデルになる。彼らは、会社のシステムのはるかに上を行く、実績に対する重要な指標を生み出している。彼らの計測モデルのおかげで、意欲的なゴールに到達でき、そして従来の方法では数値化できない〝ソフトな〟データがしばしば組み入れられるのだ。どんな尺度があなたにとって有効に働いてくれるのだろうか？

秘密

その18

得意なことを疎かにするな

どんなアイデアにもその結末にはふたつの可能性があるようだ。そのひとつは、失敗だ。われわれは、膨大な時間、失敗しないか、失敗をどのように挽回すればよいのかと心配してばかりいる。（秘密その14影の側面に目を向けよう、参照）。われわれは昔から、優秀な人間になるためのカギは、お粗末なスキルを改善することだと教えられてきた。もっと勉強して成績をDからAに上げよう。もっと時間をかけて、チームの一番弱いメンバーに協力しよう。

もちろん、あらゆるミスから学ぼう。わたしはしばしば、コンサルタントやリーダーが故トーマス・J・ワトソンの言葉を借りて、成功するためには、自分の失敗する率を2倍にする必要がある、と言うのを聞いていた。ちなみに、ワトソンは、１９１４年から１９５６年までＩＢＭの会長兼ＣＥＯを務めた経営者だ。

しかし、こうした失敗ばかりに目を向けていると、われわれはしばしば、もう一方の側面、「成功！」を忘れてしまう。

本書でわたしは、失敗のことをセールスパーソンがこの分野で生き残るための最初の関門だと述べてきた。これまですでに数回紹介した保険のセールスの達人、メアリーを引き合いに出すとすれば、最後のひとりまで生き残る大切さを、次のように説明している「もし、何回も何回も目の前でドアをバタンと閉められる仕打ちに耐えられないのなら、このビジネスでは長く続かないでしょう」。

今こそ前向きな面に目を向けるときだ。つまり、100万ドルプレーヤーは彼らの実績をテコにして、成功に次ぐ成功をものにしている。彼らはその成功を活用してさらに大きな成功をなし遂げる。自分の犯した失敗から目を背けない。しかし、得意なことも決して軽く考えない。彼らは〝得意なことを疎かにしない〟のだ。

〝得意なことを疎かにするな〟という意味は、個々のセールスの交渉を見つめて、具体的に自分のとったどの行動が報われたのかを考える、そうすれば、そうしたことを次の機会にも繰り返し活用できるということだ。軍は、事後検証と呼ばれている〝得意なことを疎かにするな〟の手法を使っている。これは、ある作戦や演習の参加者と指揮官による正式な評価作業で、その目的は、どのようにしてイベントが起こったか、そしてなぜ改善ができるか、あるいはできないかを分析することだ。〝得意なことを疎かにするな〟の場合、この戦略的分析は積極的な側面のほうを向いている。うまくいったのはどんなことか？

わたしが正式に調査を始めたころ、アトランタである動産保険の卸売業者がおこなった、

100万ドルプレーヤー版の事後検証に立ち会う機会があった。小さな会議室の中で、ふたりのすご腕ブローカーとその管理チームが元軍人のボス、そしてふたりのクライアント担当者と一緒に腰を下ろしていた。クライアント担当者の仕事は、販売後に作成される必要書類のすべてについて、その細かいところにまでチェックが入れられてできあがっていることを確認することだった。ブローカーと管理チームは一連の質問に対する答えを要求されていたのだ。販売後におこなわれる質問は、どの件でも同じ内容だった。それは次のようなものだ。

〝販売に至るまでに取った行動を、順を追って具体的に説明せよ〟。チームはステップをひとつひとつ追いながら取引を再現した。

〝何がうまくいったか?〟チームは何か特定の行動が販売を成功に導くホームランになったのか考えた。彼らはまた、役に立ったささいな行動も見逃さなかった。

〝なぜうまくいったと思うか?〟チームのメンバーは過去の経験を使ってこの質問に答えた。

〝われわれはもう一度それと同じことができるか?〟もしそれが一回限りのものであれば、それでよい。しかし、この検証のゴールには、もう一度同じように繰り返せるプロセスの要素を見きわめる、ということもあった。

このミーティングが終わると、ボスは本社宛にある報告書を送った。その目的は、〝セールスの成功例〟と名付けられた社内イントラネットのエリア経由で、全国35の営業拠点に広く知らせることだった。

ふたりのすご腕ブローカーのひとり、ニックに聞いた「〝セールスの失敗例〟のページはあるのですか？」

「いいえ。そんなことをしたら、会社のイントラネットのページがあふれてしまいますよ」。調査している間、わたしが発見したのは、優秀なセールスパーソンがひとたび失敗から学ぶと、彼らはそれと同じように熱心に成功から学ぶことにとりかかる、ということだった。彼らはすべての販売を見直すだけでなく、同時に、「何がうまくいっているか？」「どうすれば、自分の得意な面を活かしてキャリアを向上させられるか？」といった包括的な質問を自分自身に投げかけるのだ。自分の弱点を気に病むのではなく、強みを活かすことに専念する。成功を目ざして計画を立てる。その取り組みは戦略的だ。

サクセスストーリー

自分の弱点に拘泥するのではなく、強みを活かすことに専念すれば、どんなことが達成できるのか？　ここで、私の意図を説明するために、ちょっとした森の寓話を紹介しよう。

森の奥深くに、小さな学校がある。生徒は３人、ウサギ、鳥、そして魚だ。先生は将来のキャリア選びに役立つ授業を３件用意している。

初日の授業は、走ることだ。先生は、最初に走れとウサギに指示をする。ウサギは右に左に飛び跳ねる。すばやく方向を変えられることを披露し、そして足を滑らせながら先生の目の前で止まった。「君の走りはすばらしい！」と先生。次は鳥の番だ。先生の指示をどうしたものかと思案すると、ある策を思いつく。つまり、鳥は走れないかわりに、ちょんちょんと飛び跳ねる。走るまねごとのようなことをすればよいのだ。

先生は言う「なかなかよく走るじゃないか」。いよいよ魚の番になる。足がない。だから走るのは論外なので、何もしない。先生は言う「魚君、走りにかけてはひどいね」。

その夜、ウサギはこう考えながら家に帰った「大成功だ！」鳥は「走りでは問題ない」と考えた。魚は思った「落第だ」。

次の日の授業は飛ぶことだ。またまたウサギが最初だ。自分の身体は飛ぶのには不向きだとわかってる。しかし、いざ本気を出すと、結構遠くまでジャンプできるではないか。岩場に立ち、飛び出し、そして着地する。先生は言う「ウサギ君、なかなか上手に飛べるじゃないか」。次は鳥の番だ。やった出番だと、鳥の心臓は高鳴る。「ここで実力発揮だ」。体を起こすと、翼を羽ばたかせ、バレル横転、空中静止、そしておまけに宙返りまで披露する。先生は叫んだ「君の飛び方は抜群だ！」。

最後は魚の番だ。池の中から水面上を見上げて、ノーと頭を振るだけだ。先生は言う「君はひどいね」。

この日は終日、ウサギは相変わらずよい気分でいる。ただし、前の日ほどではない。鳥はロックスターの気分になっている。魚はヒレを下げたまま、自分は世界一の負け犬だと思っている。

最後の授業は泳ぎだ。ウサギは池を覗きこんで考える、無理だ。あとの授業は受けずに岩の上に座っている。鳥は、アヒルの水かきが欲しいと思っている。いいところがなく、じっと枝にとまっている。

魚は興奮を抑えきれない。ボクの泳ぎを見せてほしいって？　得意だから、朝飯前だよ！と心の中でつぶやいている。背泳、平泳、バタフライそして自由形で池を数周回る。息使いが激しいわけでもない。先生は叫ぶ「魚君、君の泳ぎは抜群だ！　ウサギ君、鳥君、君たちの泳ぎはひどい」。

３つの授業を終えたとき、ウサギ、鳥そして魚は次のように心を決める。つまり、ウサギは走りのビジネスに取り組もう。鳥は飛ぶというキャリアを追いかけよう。魚は泳ぎ関連の会社を始めよう。

教訓：成功をおさめる最善の方法は、自分の得意なことに取り組むことだ。自分の弱点を克服する方法を学ぼう。強みを活かし、それを礎に成長しよう。

「われわれは今、戦争をしています」とスーザンは言った。「〝戦争〟です。一瞬一瞬が、われわれの製品のためにマーケットシェアやクライアントをめぐる争い、そしてどのクライアントにも最初に思い出してもらえる地位をめぐる争いなのです」。

スーザンは医薬品のセールスパーソンのチームを率いている。自分たちのことを冗談半分に〝ピルとジュースの売人〟と呼んでいる（確かに、この冗談は少し暗い。しかし、この種のユーモアは医薬品販売の日常の一部になっている）。スーザンのチームは、テキサス州の3つの都市に展開している。この地域は広大で、「とても大きくて、わたしの心配の種は尽きませんね」と明かしている。

われわれが会ったのは、ダラスにあるスーザンのオフィスの会議室だった。そのテーブルの脇にテキサス州の地図が掲げてあり、赤、黄色そして緑のピンがいくつも打ってあった。一個一個のピンが、セールスチャンスのあるところを示していた。

スーザンによれば、黄色のピンは将来のミーティングの場所、つまり、設定をしてはあるものの、まだ実際には予定のままになっているところだという。赤いピンは何らかの理由で、セールスに結びつかなかったミーティング。言い換えれば、タイミングが悪い、製品の位置づけが違った、あるいは何か他の要因で、交渉がうまくいかなかったところだ。しかし、緑のピンは、セールスに成功したところだ。「緑のピンが、私たちのプロセスがうまく機能したところを示しています」とスーザンは説明してくれた。

スーザンが注目しているのはこうした緑のピンだ。このスーザンの地図は、秘密その14影の側面に目を向けよう、で紹介したロジャーの壁の楽観版と呼べるだろう。スーザンには成功を糧に成長するという戦略があり、何が〝うまく〟いったのかを考え抜く達人でもある。これを実践するために、スーザンは連続的なフィードバックシステムを活用している。これはニックの会社における軍隊スタイルの質問の機会のように、顕微鏡的管理の上を行っている感じがするかもしれない。

セールスのための訪問が終わるたびに、スーザンは決まってそのセールスパーソンと一対一の質問の機会を設けて、その訪問の成果を話し合う。そこで強調するのは「うまくいったことは何だったか？」だ。スーザンは連続的評価モードになっている。チームのメンバーの行動を、ひとつひとつに分解し、細かなことでも、効果を上げそしてチーム全体の実力を向上させそうなものを見つけ出そうとする。

大半のマネージャーは、セールスのための訪問が終わると、さすがにここまではしないものだ。スーザンは戻ってきたセールスパーソンのオフィスにひょっこり顔を出して「どうだった？」と尋ねるようなことはしない。その代わり、このセールスパーソンとクライアントとのやりとりの様子を尋ねるのだ。そして会社の他の部門が、裏方としてどのような働きをしたのかを聞き出す。カタログやサンプルといった、マーケティングに欠かせない材料が揃っていたのかどうか？

必要な書類が訪問に間に合ったのか？（医薬品販売に伴う規制がたくさんあるのだ）スーザンの耳にはいやでもミスや過失、つまり悪い材料、の話が入ってくる。それでも、うまくいったことは何かを自分で確かめようとする。成功に導いてくれる材料はたくさんある、その材料のどんなものも、スーザンは見逃すつもりはない。得意なことを疎かにしないのだ。データを集めると、スーザンはそれを研究する。同じことを繰り返せるものは何か？　どのようにすれば、セールスの大成功を次のセールスの大成功の糧にできるのか？　スキルも性格のタイプも違っているセールスパーソンでもそっくり真似のできるひな型を思いつけるだろうか？

スーザンは自分のチームが犯した失敗の数々をしっかりと掌握している。しかしそれでも、彼らが達成したことにもっぱら目を向けている方が、はるかに簡単にセールスのゴールに到達できるということに気がついている。うまくいったことを活用して、将来、地図のピンをすべて緑にすることを心がけているのだ。

次の話は本当だ。つまり、セールスの人たちは、自分の販売と直接関係のない活動を、たとえばこの種のミーティングへの出席を指示されたときには、名うての不平家になってしまう。スーザンが使うテクニックは、時間がかかる、そして細かいことにもこだわろうとする。しかしスーザンを取り巻く人たちは必ず、事後検証の機会を逃すようなことはない。戦略が押しつけがましいときがあるにしても、彼らはその価値を認め、その成果を信じている。スーザンとそのチームは、セールス面で会社を牽引している。だから、不平不満は最小限でしかない。

スーザンはまた、たくさんの向上心に燃えている成功者が認識していないことも知っている。それは、スーザンのチームが、われわれ凡人と同じように、彼ら自身の失敗に関するレポートに反応するよりも、成功についてのレポートによく反応するということだ。われわれは、絶えず、〝失敗の智恵〟のこと聞かされる。しかしさまざまな研究によれば、失敗したことに拘泥していると、しだいに意欲がなくなり、うまくできることに集中しなくなることもあるという。

しかも、誰でも自分たちの得意なことを称賛するのが大好きだ。たとえば、すでに本書で紹介した保険のスーパースター、メアリーはいつも時間を見つけては、自分が苦労して獲得した保険契約の一つひとつに手をたたいていた。メアリーは真鍮の手提げベルを、オフィスのドアの外側脇にかけており、契約をとったときには、廊下に出てその古いベルを2度ばかり鳴らすのだ。大きな音で、はた迷惑だった。同僚は本当にそのベルが大嫌いだった。しかし、メアリーのマネージャーはそのたびに微笑みながら、ベルの音を聞いていた。

「それをKISTと言うんです」保険業界にいるもうひとりのトッププレーヤー、ドゥルーはわたしにこう言った。

「KIST?」

「知識（Knowledge）、本能（instinct）、スキル（skills）、そして秘訣（tips）ですよ。私たちはこのレンズを通してあらゆるものを見ています。けれども、もっと大切なのは、自分たちの成功をきちんと検証することです」。

ドゥルーは全くスキのないプロフェッショナルだ。気品のあるスーツ、ぱりっと糊のかかった白のワイシャツ、華やかなネクタイとポケットチーフ、そしてぴかぴかの靴、これ以外のものを身につけたドゥルーなどわたしは見たことがない。ドゥルーが明かしてくれたところでは、自宅から仕事を差配する日でさえ、この服装をしているという(もし実際に自宅の庭仕事をすると仮定しても、ドゥルーはスーツとネクタイの完璧な姿で芝刈りをするとわたしは断言する)。「自分の感じ方ひとつで、仕事に取り組む姿勢が決まってしまうのです」。ドゥルーと会うと、わたしは自分の軽装ぶりが気になってしまう。ジーンズにスニーカーそしてアロハシャツだ。しかし、ドゥルーと私はもう何年間も一緒に仕事をしている。気持ちよく仕事をさせてもらっている。

〝KIST〟。ドゥルーにインタビューするまでは全く聞いたこともない頭字語だった。これは、ドゥルーとその仲間が彼らの成功を計測するために活用する特定のプロセスのことだ。このセールスチームは、特定の尺度を使って4つのカテゴリー内での個々の活動を分析する。そうすることによって、誰でも同じシステムの中で学べるというわけだ。ドゥルーのニューヨークオフィスで行なわれるセールス・ミーティングがKISTミーティングと呼ばれており、そこでは、個々のセールスを成功に導いた要素を特定するための工夫がなされている。このおかげで、チームはそれらの要素を将来のセールスに効率的に活用できるのだ。

テコを使おう

ビジネスの世界で、人はよく〝テコにする〟と言う。〝最高にそして最も効率的に使う〟という意味だ。この考えは、物理学のテコの概念とよく似ている。

簡単に言えば、テコの原理で、テコと支点をうまく組み合わせれば、つまり遊び場のシーソーのように見える簡単なしかけを使えば、非常に重いものも比較的簡単に持ち上げられる(この原理を証明したのはアルキメデス。古代ギリシャ陣人で、ルネサンス時代の人物と表現してもよいだろう。ただし、ルネサンス時代をさかのぼること何百年前の人物ではある。物理学者、数学者、発明家、エンジニア、そして天文学者。なんでもできた人物だ)。

テコの性質は、テコがあればあるほど、目的の仕事をなし遂げるための努力が少なくてすむ、ということだ。最低の努力で、最大の効果が生まれる。

ビジネスの世界では、成功以上にテコにするのが簡単なものはない。得意なことをするために多くの努力は必要ない。これだという自分の才能を見つければ、たいていの重い仕事はこなしたのも同然だ。

ドゥルーはKISTの効用を次のように説明してくれた。

知識 Knowledge セールスが成功するたびに、チームは次のふたつの質問に答を出そ

うとする、つまり、

ひとつ目「その販売交渉をするにあたって、知っておかなければならなかったことは何か?」。そしてふたつ目「そこから学んだことは何か?」。

たとえば、チームは交渉を見直し、誰が販売を推し進める力になったのか、そしてそうした交渉の中に、また別のチャンスがあるのかどうかを判断する。

本能 Instinct 成功に結びついた交渉のやりとりというのは、販売の〝見こみ〟から販売の〝確定〟へと持っていってくれるちょっとした機微の積み重ねだ。チームのメンバーは、自分たちが個々の取引交渉に持ちこむ漠然とした直感的な特質を見きわめ定量化しようとする。

そうした人たちはスーパースターで、さまざまな経験を経て、ある種のセールスの第六感を身につけている。その定義は難しいけれども、KISTのプロセスの中で、彼らはそのプロセスでどんなことに気がついたのかを話し合う。たとえば、見こみのあるクライアントとことばを交わしているときに、ドゥルーのセールスパーソンのひとりが、そのクライアントは不安を感じているので、念のため安心させる必要があると感じることがある。

それほどの経験のないセールスパーソンなら、そのクライアントに、電話をかけてもらいたいと思う人のリストを渡してしまうかもしれない。しかし、このセールスパーソンは自分の携帯電話をそのセールス・ミーティングの場でさっと取り出し、満足してくれている今のクライアントに直接電話をかけ、そしてその携帯を不安にかられている見こみのあるクライアントに手渡すのだ。

スキル Skills 販売が終わるごとに、チームはどんな才能をそのプレーヤーが交渉に持ちこんだのかを知ろうとする。それは積極的に耳を傾けることだったのか？（秘密その8 W.A.I.T.参照）それは個人と個人とのコミュニケーションだったのか？ プレゼンテーションの決定打があったのか？ もし特定のスキルが販売につながったのなら、それは、全社的なトレーニングプログラムを立ち上げて、全員に対してそのスキルを強化させる価値があるものなのか？

秘訣 Tips チームからの質問「この経験から得られるシンプルな提言は何か？」このセールスパーソンは次のように答えるだろう「このクライアントはそのオフィス周辺に家族の写真をあふれんばかりに飾っていました。わたしが家族のことを尋ねると、もう止まりません。自分の家族のことを話したくて仕方がないのです。そんな話をうまく引き出せたので、ミーティングは非常にオープンな雰囲気になりました」。つまり秘訣はこうだ。セールスで訪問したときは、自分の周りに細心の注意を払え。

彼らの得意なことに神経を集中させることによって、スーザンとドゥルーはピント外れの楽天家にならずにすんでいる。ふたりとも、系統的に自らの才能を研究し、そしてそうした才能がどのように交渉をまとめる力になっているのかを学習している。彼らは自分たちの成功を将来、どのように複製すればよいかを考えているのだ。

要するに、成功は向上のためのすばらしい原料であり、あなたの販売プロセスの一部であるべきなのだ。成功は定義〝できる〟。そして時間をかけて自分がしっかり確実にできることを見きわめれば、それは全員の強みになるのだ。

秘密

その19

自分のドラムを叩こう

セールスの現場では、あなたがあなた自身のCEOだ。また、セールスのプロセスにおける最高戦略責任者だ。マーケティングのトップの立場なのだから、〝あなた自身〟をマーケティングすればよい。セールスの核心は人間関係にあり、クライアントの生活にあなたがもたらす格別な価値をクライアントがはっきりと理解してくれたとき、そうした人間関係は強固になる。だからこそ、セールスパーソンにとって、自分独自のブランドのアイデアを考え出すことに意味があるのだ。

事実、100万ドルプレーヤーが、他のセールスパーソンとの差別化のために注ぎこむエネルギーは、会社がその企業ブランドを他社と差別化するのに費やすエネルギーに引けをとらない。

これはとりたてて、新しいアイデアというわけではない。問題は、2、30年前に自己ブランディングが大切だという議論が盛んにおこなわれていたにもかかわらず、個人のブランドは会社のブランド並みに強力だというこの考え方が、会社レベルとそしてそれより大切な個人レベルの両方で、もっと新しいアイデアにとって代わられてしまったことだ。

ただし、１００万ドルプレーヤーの場合は別で、彼らは個人のブランドの大切さがわかっている。秘密その19に言わせればこうなる。つまり、もし群れの先頭に立ちたいのなら、自分自身をブランドとして考えなければならない。そしてなんとしても、自分自身をブランドとしてはっきりと、熱心に、そして休むことなく、売りこまなければならない。

流行の罠

セールスの世界はいつも過去にない〝とてつもないアイデア〟を探している。つまりそれは、究極のこれしかないという行動、あるいは経営理論といったものだ。しかし、例によって企業が関心を持続している時間は短く、こだわりもないため、そうした気持ちには、朝もやが持続する程度の力しかない。朝もやがそこにあると気づいたときには、すでに雲散霧消、その程度のものだ。

こうした現象は自己ブランディングの戦略についても当てはまる。この戦略は、１９９０年代終盤の産業界における〝とてつもないアイデア〟だったものの、今ではほとんど当たり前のように思われ注目されなくなっている。誰もが、少なくとも35歳以下の誰もが、ソーシャルメディアを通して自分のネット上の存在を確立させる作業にふけっている。たとえそれがもう流行の先端をいく〝とてつもないアイデア〟でなくなっているとしても、この戦略には、とくにセールスの世界では、まだまだ大きな意味がある。誰にも類まれな存在になって群れから抜け出せるチャンスがあり、それに打ちこむことこそが成功への道なのだ。

〝自分のドラムを叩こう〟の達人への最初のステップは、自分自身が類まれであることを認識しそして喜ぶことだ。秘密その11秘書に好かれよう、で紹介した金融サービス商品の卸売人T．C．は、定期的にクライアントのオフィスに宅配ピザを届けることで自分の個人的ブランドを育てようとしたわけではない。

T．C．とピザとのつながりは、その人物や商品とは相いれないと言っても何の無理もないだろう。とにかくT．C．は、毎日スーツにネクタイ姿、高級な外国製スポーツカーに乗り、複雑な投資の仕事をしているのだから。しかし、もしそのクライアントのサポートスタッフが、T．C．を〝ピザの男〟だと思っているなら、そしてもし、そのタイトルのおかげで開いてもらえるドアの数が増えるのなら、T．C．は喜んでそれを受け入れる。〝ピザの男〟、それがT．C．のタイトル。T．C．のものだ。

自分を群れから抜け出させてくれているものは何かを見きわめようとするとき、大切なのは、個人ブランド育成のゴールを理解することだ。実はそれは非常に論理的なものだ。ゴールはこうなる。どうすれば自分のマーケットに自分のことを考えさせられるのか？

クレイは、ルイジアナ州にある最大の自動車販売店のひとつでセールスパーソンとして大成功をおさめている。そのクレイが、かつてこんな発見をした。つまり、その自動車会社は、売っているクルマに特徴的な性能・装備の一つひとつを明確に伝えることによって、買い手にそのブランドを選んでもらえるようにと大変な努力をしている、という事実だ。これに対して、クレイのニューオーリンズの販売店は、あらゆる手だてを講じてセールスパーソンがクルマを楽に売れるようにしている。「金融面ですばらしい施策を用意してくれています。交渉を楽に進められるよう、無料の洗車やオイル交換といったおまけをつけてもよいのです」。

しかし、自動車会社も販売店も、クレイを助けるのが仕事ではない。それに、セールスパーソン仲間はそれぞれ自分の個人ブランドを構築している。もし、あなたが大企業で働いているとしても、会社があなたに群れから抜け出す意欲を与えることもないだろう。会社があなたのブランド構築に力を貸す理由があるのか考えてみよう。会社の関心は製品やサービスを売ることのほうにある。そんな組織にとっては、あなたが売ろうが、あるいはあなたの隣にいるセールスパーソンが売ろうが、何の違いもない。

わたしがクレイにインタビューしたのは、個人ブランディングのアメリカ最高の例が何人かいるところだった。ニューオーリンズのフレンチクォーターは才能豊かなストリートミュージシャンであふれている。彼らは街角や路地裏そしてすばらしいジャクソン・スクエアの周辺で演奏している。その一人ひとりが、見物人の小銭が自分のギターケースに投げこまれるのを狙って、人目を引こうとする。

これらの芸術家は聡明な自分自身を売りこむセルフマーケターで、演奏する楽器で、あるいは大衆受けするポピュラーソングに合わせて身体を回転させる演技によって、競争相手に差をつけようと一生懸命努力している。

わたしがクレイにインタビューしたのはこうした競い合っているミュージシャンのいるところだった。クレイには、フレンチクォーターの駐車の大変さをなんとか我慢してくれと説得し、クレイの大好物であるカフェオレとドーナッツをエサに、そこのカフェ・デュモンドで会ったのだ。

クレイが得意としているのは、優雅な外国車ではなく、立派なアメリカのブランドだ。売っているクルマはどれも10万ドルはしない。だから、クレイはトッププレーヤーになるために、多くの台数をこなさなければならない。だから、実際にたくさん売っている。

クレイの成功を支えている大きな秘密は、本人自身が自己ブランディングのダイナモ、つまり勤勉家ということにある。初めての客でさえ、店に入ってくるとその顔を見て名前で呼びかける。初めて店を訪れる平均的なクルマの買い手は、新しいクルマを誰が売ってくれるのか知りもしないし、知ろうともしない、と考えると、これはとくに印象的な話だ。クレイは言う「人が販売店にやって来る目的は、クルマ探しであって、セールスパーソン探しではありません」。

この事実に気がつくと、クレイは真正面からある難題に取り組んだ。それは、どのようにすれば買い手を販売店に呼びこむかではなく、どのようにすれば彼らが店に来て、そしてわたしに相談してもらえるだろうか？　だとクレイは説明してくれた。「クレイのことを思い出して欲しいのです。それもショールームに着くよりも前に」。

クレイは、どのようにして自分自身を差別化しようかと、長い間、一生懸命考えてきた。この問題を考えた。独自のアイデンティティーを確立させて成功しているセールスパーソンを探し出そうとした。ついに、クレイにはあるアイデアが閃いた。そして、自分自身のユーチューブチャンネルを立ち上げて、ビデオ映像の制作を始めたのだ。

クレイは毎週、簡単な5分間のビデオをつくり、そこでクルマの購入にまつわる質問に答えた。長年の経験を活かし、ビデオを見ている人たちにアドバイスをする。中でも、クルマの買い手なら誰でも、その最大の関心事は「どうすれば、できるだけ少ない費用でできるだけいいクルマが買えるのか？」だった。

こうしたビデオは、撮影するのが簡単でそれほど費用もかからない。クレイは面白くて愛想のよい人気者だ(クルマのセールスマンにはよくあるタイプだ)。クレイは、クルマの流行、機能特長そしてクルマにまつわる話のあれこれを、ブログに上手に書いている。自分のビデオのこともしっかりそこで紹介している。こうしたことすべてが相まって、クレイは決して自分のブランドや販売店のことを押しつけようとしない。ただただ、クルマ探しをしている人を選ばずに専門的な手引きの発信に専念している。「人の情報源になれます。決して高圧的なセールスではないんです。情報です」と語る。

クレイの販売店にしろ、このナショナルブランド企業の少なくともコンプライアンス部門にしろ、そのビデオにひと言いたいのでは、という気もしてくるだろう。わたしが気になるのは、クレイの会社がビデオの内容にどれほどのコントロールができているのか、ということだ。つまり、最初にビデオを流し始めるための承認を求められたとき、彼らはなんと言ったのだろうか?

クレイは承認を求めなかったという。とにかく実行した。最初の段階で、会社の承認を得ようという考えは全く浮かばなかった。それでも、そのゆがんだ笑顔を見ていると、〝許しではなく寛大さを求める〟ような人間であることが伝わってきた。このビデオをつくり始めてからも、クレイはそのまま仕事を続け、経営陣や仲間の人たちと何度もミーティングを重ねている。しかし、彼らがクレイをとがめるようなことはできなかった。

とがめる代わり、彼らはクレイに頼んだ。それは、どのようにすれば〝わたしのことを思い出して〟の最終ゴールに到達させてくれる同様の戦略を構築できるのかを、他の人たちに教えることだった。その過程で、周りを怒らせたことはあったのか? 確かに。しかし、わたしには断言できる、わたしがインタビューした一流のセールスパーソンはほとんど例外なく、あるときには経営陣に嫌われた経験の持ち主だ。

お代わりしたドーナツを食べながら、クレイはアイパッドを取り出して、ビデオとブログをいくつか見せてくれた。ニコッと笑ったその唇には粉砂糖がついていた。「どうですか。訪ねてきた人はクレイを、と言ってくれるんですよ！」。

パットンブランド

自己ブランディングの天才を語るとき、ジョージ・S・パットン将軍に勝る例はない。第2次世界大戦のときの戦車部隊の司令官で、ナチスドイツ打倒に貢献した人物だ。パットンは、自分の戦功、勇気そして虚勢を電撃的な攻撃の直前に喧伝することによって、戦う前に敵をひるませ、これから起ころうとしている戦闘で優位に立てると考えていた。巧みに、舌鋒鋭い攻撃的な有名人を装い、トレードマークの仏頂面をつくっていた。鏡に映したその顔を、〝戦争顔〟と呼んでいた。

自らの人物像をテコにして、本物の恐怖を抱かせる力になった（このおかげで、その威張った姿勢を支える才能が身についた）。パットンは「どうすれば、戦場に到着する前に、敵に自分の存在を意識させられるのか」という考え方がよくわかっていた。

信じる信じないはともかく、パットンとクレイの戦略の出発点はどちらもよく似ている。考えてみよう、米国陸軍はパットンに、補給品、装備、武器弾薬そして軍隊をはじめおよそ必要なものを与えた。パットンはこの取引を成立させるために自分の個人ブランドを差し出していた。

あなたの仕事は、職務分掌に書かれていることだけで終わるのではない。あなたにとって、特別な何かがあるのはわかっているのだから、その特別なこととは何かを考えるだけでなく、同時に誰もがそれを知っていると確認するのも、あなたの仕事だ。代わりに会社がしてくれることはない。誰でもないあなたが、これを自分のために実行する、そして平均的なプレーヤーで終わりたくないと思うなら、自己PRを自分の仕事の無報酬部分と考える。これが長い年月のうちにほんとうの見返りをもたらしてくれるだろう。

ネルソンは、ロサンゼルスでオフィスのスペースが必要な賃借人の代理人をしている。賃借ビジネスのワクを越えてクライアントの面倒見のよい男として知られている。ネルソンはその上得意のことはなんでも知っている。〝何でも〟、だ。クライアントの通った大学、趣味から、好きな読書の傾向まで知っている。

気に入っているレストランも、子どもの名前やその課外学習の活動も知っている。気味の悪いような話かもしれない。しかし、実際は違う、そんなことはない。ネルソンはこうした知識を、長い時間かけて仕入れてきているのだ。そしてそれを個人ブランドの構築に活用しているというわけだ。

ネルソンがもっぱら相手にしているのはテクノロジーの会社だ。つまり、成長するとより広いスペースが必要になるタイプの企業だ。だから、もし広いスペースが必要になり、以前その仕事をネルソンに任せたことがあるなら、その人はまたネルソンに電話をかける。ところで、ネルソンは町で一番の代理人のひとりだ。そうなると、どのような方法で、自分の個人ブランドをテコにしながら、経営規模が倍になり再びもっと広いスペースが必要だと思っているクライアントが、たまたま他のトップブローカーからぴったりのタイミングで連絡が入ったとしてもその内容には一切目もくれず、確実に、自分のほうを意識してくれているように持っていくのだろうか。そのたくさんの事例のうちから2件を紹介しよう。

緋色と金色。ネルソンのクライアントのひとりにネルソンもよく知っている南カリフォルニア大学（USC）の卒業生がいる。USCトロージャンズが新しいフットボール監督の就任を発表したとき、ネルソンはこのクライアントのために、監督との個人的なあいさつの機会をつくっている。

彼らが活用できるニュース。ネルソンの会社は月刊の電子メールニュースレターを発行している。地元の商用不動産に関する一般教書のようなもので、どのスペースを誰が借りたか、公開予定の新しいスペース、そして工事中の商用ビルといったニュースを載せている。

ネルソンは、クライアント向けに〝ご存じでしたか？〟という欄を追加することで、そのニュースレターを独自に改変している。この欄は、オフィスのスペースとは全く関係がないけれども、現実に、上得意客の関心に突き刺さるニュースのために設けられている。もしクライアントの中にイタリア料理が好きな人がいれば、ネルソンはクライアントのビジネスの拠点近くに開店する新しいイタリア料理のレストランのニュースを載せるかもしれない。もしクライアントが映画狂なら、近々公開予定の超大作の予告編を取り上げるかもしれない。

もしあなたがネルソンのクライアントで、セーリングに熱中しているなら、そこにアメリカズ・カップの最新のニュースを目にするかもしれない。自分のクライアントについての知識に加えたちょっとした調査を活かして、ネルソンはそのクライアント受けのするニュースレターとクライアントに提供する特典を武器に、独特な個人ブランドを生み出している。つまり、一緒にビジネスをしている人のことを個人的に気にかけている商用不動産の仲介人というブランドだ。

そうすると、秘密その19をセールスの兵器庫に持ちこむためには何をする必要があるのだろうか？　自分自身の個人ブランドをつくりあげるために、以下の3つの秘訣を試してみよう。

・自分のプロフィールを充実させよう　クライアントは自分たちの分野における専門家として知られているセールスパーソンとビジネスをしたいと思っている。どうすれば専門家になれるのだろうか？　ひたすら勉強だ（秘密その9スマートに売ろう、を参照）。どうすれば、専門家として知られるようになるのか？　戦略的な露出だ。業界のイベントでの講師や講演者を買って出よう。ミーティングやカンファレンスのパネリストになろう。業界紙に記事を書こう。ブログに業界についての考え方を投稿しよう。プロの資格の取れる講座を受けよう。立派な教育を受けた人としての評判がたつと、博識のあるセールスのプロとしても自分の個人ブランドを構築できる。

・あなた独自の価値をはっきりと示そう　あなたのクライアントは、売っているものが何であれそれらのことをあなた自身がよくわかっているものと理解している。それは彼らの最低の要求だ。だから、T．C．やクレイそしてネルソンのように、びっくりするような方法で価値を説明するため、あなたには何ができるのか？　ニュースレター、ソーシャルメディア、あるいは、クライアントの生活に対するあなたならではの独自の貢献が伝わるための特別なイベントなどを考えてみよう。

・恥ずかしがることはない　積極的に、世の中に対してあなたの優秀さを示さなければならない。たくさんのセールスパーソンがこれを実行していないことにはびっくりだ。そうだ、自分の成功談を屋根の上から大声で語るのははた迷惑かもしれない、しかし、もっとさりげなく、それは実行できるはずだ。単純な例を紹介してみよう。業界のイベントに参加すると、そこには他の人たちから彼ら自身の知識を聞かせてもらえる機会があるので、その内容をクライアントに知らせるとよい。上位5人か10人のクライアントを選んで、その一人ひとりに手書きのメモを送るのだ。

そこにはたとえばこんな風に書けばよい「わたしは最近、年に一度開かれる業界のリーダーシップカンファレンスに参加する機会がありました。専門家のXとYに会っていくつか注目すべき新しいアイデアを耳にしました。

これらのアイデアがどれほどあなたにとって前向きの影響を与えてくれるのかというお話をする機会があればありがたいと思います。ご都合のよい時間をご相談するために、来週お電話いたします」。これらのクライアントのうち何人が、その電話を取るだろうか？

ほぼ全員だろう。あなたが周りから見えれば見えるほど、ますます見えるようになる。なぜなら、目に見えることには、増加させ拡大させる力があるからだ。だからあなたの知識と智恵の伝道を続けよう。

最後には〝保存〟の山に入ろう

誰でもときおり郵便でヴァルパックを受け取ることがある。これは多種多様な地元ビジネスの割り引きクーポン券が入れられた封筒だ。もしあなたの家に届いたヴァルパックを開封すれば、そこであなたは〝価格ゲーム〟に参加することになる。つまり、その封筒を開け、さまざまな魅力的な買い物を注意深く検討し、そしてふたつのクーポン券の山をつくる作業をする。ノーの山とイエスの山だ。

わたしは頭の中でこんな独り言を言う「ううん、どうしよう……いや、歯のホワイトニングは必要ない、排水口の修理、新しい車庫のドア、害虫の駆除、庭の手入れも」。これらのクーポン券をノーの山に積むことになる。「しかし……そうだ、1個の値段で2個買えるバーガーを好みのダイナーで食べられる？　イエス。ひとつ買えばひとつ無料のピザ、イエス。使ったことのあるドライクリーニング店でシャツの料金が59セント？　イエス！」

たちまち、自分にとって価値のあるもの、ないものを分けてしまう。そのピザの店には1個の値段で2個のクーポン券を持たずにいくようなことはしないだろう。しかし、その買い物によって、今やピザといえばいの一番にこの店が具体的に思い浮かぶようになったのだ！あなたのクライアントや見こみのあるクライアントもこれと同じゲームをしている。あなたはどんな山に入りたいのだろうか？　自分のドラムを叩こう、自分のスキルをクライアントに向かって叫ぼう、そうすればあなたも最後には〝保存〟の山に入れる。

だから恥ずかしがることはない。凡庸なままではいけない。そして、こんなことは期待してはならない、つまり、オフィスにいる誰かがあなたのクライアントに電話して言ってくれる「ねえ、マージ、ラファエラはあなたのために今いい仕事をしていますよ。念のため、そのことを伝えたかったんです」。自分自身をクライアントの心の一番上に置くのは、あなたの仕事だ。間違いなく、それはあなたの仕事の決定的に重要な部分だというのは明らかだ。

それは、競争の激しいマーケットで、あなたが渇望している分離と差別化をもたらしてくれる。そして、あなたを100万ドルのレベルにまで引き上げてくれるだろう。

秘密

その20

本物のふりはできない

「あなたは本物の仕事人ですね」金融サービスアドバイザーのエミリーは、見こみのあるクライアントからこう言われたときのことをはっきりと思い出せる。それは前後2回のミーティングでその2番目が終わったときのことだ。このミーティングは、エメリーが自分のクライアントリストに加えたいと狙っていたある富裕な投資家を相手に慎重に進めていたものだった。

エメリーが取り込もうとしていたクライアントの言う〝本物の仕事人〟とはどういう意味なのか？　それはつまり、エメリーは信頼がおけて純粋で、肩の力が抜けていてしかも誠実だと感じた、という意味だ。ビジネスへの取り組み方に関して不実な様子は一切見られない、まさにそうした人物。それにこのクライアントが感じ入ったのだ。

このほめ言葉に、エミリーがありがとうと言う以上のことをしたとはなかなか思えない。しかし、エミリーは想像で、自分をフィラデルフィアでステップを踏みながらシャドーボクシングをしていたロッキーの姿に重ね合わせていたのではないだろうか。あなたが見こみのあるクライアントを感じ入らせ、その人から〝じゃあ、そうしましょう〟のことばを受けると同時に、一年分の売上を獲得した、と想像してみよう。

この男性との取引わずか1回で、肩から売上獲得の重荷が降り、その十分な額の売上によって、年末までの残りの期間、精神的重圧から解放されるのだ。それは願ってもない取引であり、ほんとうにすばらしいミーティングではないか。ちなみに、実際にこの男性が言った「じゃあ、そうしましょう」によってエミリーは大仕事をなし遂げ、今、その男性は最大のクライアントのひとりになっている。

エミリーはまさにゲームの先頭を走っている。その仕事の相手は投資家の上の方の階層だ（秘密その12お得意様を囲い込もう、にあるような大きな魚だ）。こうした人たちに近づくためには、幅広いスキルや経験が必要で、しかも、揺るぎない自信のようなものも欠かせない。こうした業界の大立者は誰ひとり、〝本物の仕事人〟ではないセールスパーソンにかかわることで、ほんの一秒たりとも時間を無駄にすることはない。

エミリーはわたしの調査におけるインタビューの相手のひとりで、本能的に21の秘密の一つひとつをほぼすべて実践している人物だった。それも、わたしが21の秘密を特定する前にすでに実践していた。自分の一日を完全に支配し、行動計画のリストの時間枠管理を徹底させることによって、常に整然と仕事をこなす。ＯＬＡの女王だ。明らかに、クジラのことなら何でも知っている。新たなクライアントのほとんどは、他のクライアントからの紹介だ。

次々に成功を掘りあてている。

こうした成功を続けるセールスの姿勢に加え、エミリーは自信と確実な仕事ぶりのおかげで、輝いて見える。その秘密の根源には、秘密その17がある。つまり、100万ドルのセールスパーソンの中からにじみ出てくる誠実さは、慎重な準備から生まれてくるのだ。

インタビューしているとき、エミリーはこの章の冒頭にあげた新たなクライアントとのまさに最初のミーティングについて話してくれた。つまり、その後、2回目の一対一のミーティングで〝本物の仕事人〟と称賛しながら大成功の握手をしてくれた人物のことだ。エミリーは最初、クライアントのひとりからこの投資家の話を聞いた。つまり、ある友人がその投資チームに満足しておらず、しかも金融アドバイザーの分野のビジネスを拡大しようと考えている、というのだ。

エミリーはこのクライアントに、その友人を紹介してもらえないかとていねいに尋ねてみた。クライアントが「何かできることがあるか考えてみます」と返事をしたまさにその瞬間、エミリーは超探偵モードになった。その通り、100万ドルのセールスプロフェッショナルの例にもれず、まだカレンダーに書きこまれてもいないのに、ミーティングのための準備を始めたのだ。

「その瞬間、わたしは着陸態勢に入るパイロットのようになります。目の前の作業に全神経を集中するのです」

何回かキーボードのキーを叩くだけで、ある人のプロとしての生活全体を見て取れるような世界では、調査というものはもはや、骨の折れる作業ではなくなっている（エミリーは金融サービス業界に長くいるため、情報を発掘する目的で、インディ・ジョーンズ流のお宝探しの調査旅行よろしく市立図書館に通ったことをおぼええている）。

今では、オンラインでの調査が非常に簡単になっているので、どんなセールスパーソンでも、見こみのあるクライアントについて、たとえば何によって生計を立てているか、勤務先はどこかなど、あらゆる基本情報がすばやく手に入る。とはいえ、もし、パソコンのモニター画面の前に座って手に入るような情報だけに頼っていると、クライアントがほんとうに期待しているレベルの準備はできないだろう。本物を目ざすなら、階層を加える必要がある。エミリーはそうしている。

基礎的な材料がすべて揃ったところで、エミリーはさらに深堀し、既存のクライアントと話をする。仕事を通してあるいは同じ役員会の席に座りながら、新たな見こみのあるクライアントのことを知っていそうな既存のクライアントは誰かをよく調べて選び出す。

何本か電話をかけ質問を繰り出して、わからないところを埋めようとする。そうすると、新たなクライアントの投資スタイルがわかる。支援している慈善事業のことがわかる。本人の会社への出資比率がわかる。要するに、こと細かな情報まですべて手に入るのだ。知りたいのは今の本人を本人にしている個人的な要素であって、本人が何者なのか、ではない。

クライアントはごく自然に肩の力が抜けているセールスパーソンに魅力を感じるものだ。事前の準備のおかげで、エミリーはこの状態でいられる。実際に、準備をせず考えがまとまっていないと、本物になるのは不可能だ。「自分のプロセスに従っていれば、リラックスできます。準備しておくことで、落ち着けるからです」と言っている。「必要な武器弾薬はすべてそろっています。だからこそ、自分本来の仕事ができるんです」。

エミリーの準備が本物の仕事人になるのにどのように役立っているのかを少し考えてみよう。そこで、あの新たなクライアントとの最初のミーティングの様子を紹介する。

何回かの電子メールや電話のやりとりのあと、この見こみのあるクライアントは電話でエミリーのための時間を割くことに同意する。その最初の電話で、「あなたはとても評判がいいんですよ」という話があった。やった！　この魔法のセリフはエミリーにとって、少しばかりリスクをとり、仕入れた事実のいくつかを活用しろという誘いなのだ。

結婚していることはわかっている。そこで尋ねる「奥様もミーティングに？」。

少し間があって「わたしの家においでになりませんか」。

「いいですね」とエミリー。「お互いに都合のよい時間を決めたいと思います」。（エミリーは「奥様にも都合のよい時間」ではなく、「わたしにとっても都合のよい時間」と言ったことに注目しよう。この見こみのあるクライアントに、自分の時間も同じように貴重なのだと知らせることによって、交渉の場を対等に持っていきたいのだ）。

エミリーは自分と見こみのあるクライアントだけの関係ではなく、それに加えてできればその家族全員との関係を築くつもりでいる。なぜなら、富裕な投資家なら、富裕な子どもがいる傾向があり、彼らもまた、投資家になるからだ。

彼らの家でコーヒーをご馳走になったあと、エミリーは積極的に、彼らの出身大学から古典哲学（このクライアントが専攻していた）まであらゆることを話題にした。そして握手をし、また連絡するということばを残す。事前の準備を活かして個人的に強いつながりをつくろうとした。そしてそれはうまくいった。2回目のミーティングに臨むと、自分の金融に関する考えを説明し、最初の注文を受ける。このクライアントは、今ではエミリーにとって最大のクライアント、そして絶えずクライアントを紹介してくれる情報源になっている。

だから、苦労して手に入れる本物の価値について、つまり本物の仕事人であることの価値について話をしよう。本物のマッコイを取り上げる。

本物のマッコイ

わたしはずっと〝本物のマッコイ〟という表現が大好きだった。学者にもその語源は不明とはいうものの、ふたつの可能性がある。

・1870年代、カナダ系アメリカ人の発明家、イライジャ・マッコイは蒸気機関車用の潤滑システムで特許をとった。それは他のシステムよりもはるかに優れており、鉄道会社のエンジニアはこう尋ねたものだ「この機関車には本物のマッコイシステムが装備されているか？」。

・1920年代の禁酒法のもとで、一匹狼のラム酒の密輸業者ビル・マッコイが混ぜ物のない純粋な独自の製品をつくって組織犯罪に立ち向かった。もぐりの酒場で酒に飢えていた人たちは、ラム酒が〝本物のマッコイ〟かどうかを訊いたものだった。

どちらにしても、その話でほんとうの〝本物のマッコイ〟の語源がわかるだろうか？　無理だ。しかし、これはよい教訓だ。つまり、人に質の高さ、つまり〝本物のマッコイ〟を保証すれば、彼らは名前であなたを指名してくれるだろう。

テオは大西洋岸地域で不動産を販売している、それも大商いだ。テオがわたしに言ったことで強く印象に残っているのは、こんな話だ。つまり、成功をおさめているにもかかわらず、新しく知り合いになった人から「仕事は何ですか？」と尋ねられ、セールスをしていると答えるとき、ときどきテオはそこに疑念や慎重さの兆候を感じ取っている。「人は、セールスパーソンとはコミッションを取る仕事だと思っているんです、その対象が何であるかには関係ありません。人を惑わせる仕事をしていると思っています。仕事を始めた最初の日から、この困難な闘いに直面しています」。

テオにはすばやく人の気持ちを変える力がある。しかし、セールスパーソンの動機や正直さを疑っている市民に対して公正なことを言えば、アメリカのクライアントの誰もが、それがいつかはおぼえていなくても、それなりに不実な目にあった経験がある。

しかも、不幸なことに、まやかしごまかしがセールスの文化にしみついている。企業の研修によって、セールスパーソンの個人プレーを排除し彼らに〝われわれの仕事の流儀〟を浸透させるプロセスが始まっている。セールスパーソンはお仕着せの文言を与えられ、それらに一字一句従うことを求められる。機械的な手順によるセールスだ、ひどい話ではないか。

わたしのこのあいさつをお聞きになるのは初めてですか？

わたしの大好きなクライアントを訪問するために定期的に出張する。そのときは、ある特定のヒルトンホテルに必ず泊まる。この8年間、毎年6回ほどそのホテルにチェックインしている。

それでも、毎回、フロントの受付係は、わたしのIDカードを見せてくれと言い、クレジットカードをスキャンし、わたしの特別クライアント番号を入力し、わたしの人となりを見たあとで、こう訊くのだ。「こちらにお泊まりいただくのは初めてでしょうか？」。毎回だ！

最後にこの目にあったとき、わたしは言った「ヒューストンのどこかで、ひとりの男が手許のラップトップパソコンで、火星にある無人操縦の車両を操作しているなんてことを見たことがありますか？　それなら無理もないけれど、ヒルトンのゲスト管理用ソフトウェアシステムでは、50回以上も泊まった人間を特定できないんですか？　もしわたしが、〝そうです初めてです〟と答えたらそのときはどうなるんですか？　ホテルの案内ツアーですか？　特別な駐車スペースがもらえるんですか？　なぜ、毎回同じことをたずねるんですか？」（そうだ。頭がマヒするような旅を6時間続けたあとは、ときたま自分の嫌みなことばを抑えるのが難しくなるのだ）。

「それはチェックインのときの決まり文句になっていますので」と係員は答えた。

決められた文言によるセールスだ。それで行こう。

公平なことを言えば、この係の人はおそらく、自分がセールスの仕事をしていることにすら気がついていないのだろう。それでも本人は、血が通い息をしているホテルの魂であり、宿泊客がことばを交わす入り口の人だ。その職務分掌に〝セールス〟と書いていなくても、セールスのプロなのだ（イントロダクションの章でわたしが述べたことを思い出してほしい。仕事の世界ではほとんど誰もが、何かを売っている、本人にその意識があってもなくても）。

お仕着せの文言というものは、大切な手引きにはなるのかもしれない。しかし、もし、それに縛られていると、それによって個人的なつながりの断片がことごとくはぎ取られ、そのやりとり全体が、どうしようもなく感情の欠けたものになってしまう。これでは、本物とは真逆だ。

この一方、テオの不動産セールスのやりとりは、お仕着せの文言とは正反対だ。肩の力が抜け自然で、「販売のプロセスから緊張感をなくしています」と言う。「わたしのクライアントは、調査用のアンケートを送ると、いかにプロセス全体が自然に流れているかというコメントを書いてきてくれます」。この楽さのカギは何か？　もうわかったと思う。それはセリフを覚えることではない。準備だ。「準備を整えることによって、わたしはほんとうのわたしになります。そしてクライアントはそれを感じ取ってくれるのです。こうしてわたしはクライアントとつながっている存在になります」テオはこのように明かしてくれている。

テオは常に勉強する姿勢を保つことによって100万ドルクラブ入りを果たした。多くのマーケットや業界の変化をくぐり抜けてきたおかげで、自分のビジネスで何が起きても、それに適応できるカメレオンのような能力を身につけてきたのだ。

「昔は、といってもきのうだって昔になるかもしれませんが、人は何かをするときほとんどすべてのことで自分の不動産のプロを頼りにしていました」と語ってくれた。「インターネットの前、仲介人は、マルチプル・リスティン・サービス、つまり市場に出回っている住宅をすべて網羅したデータベースにあたれる唯一の人たちでした。

住宅を紹介するだけでなく、買い手に住宅ローンや保険の手助けもしていました。今では、買い手はあらゆる種類のデータを手に入れられます。彼らは住宅の改築から不思議なほどの利益をあげられる住宅の転売交渉まで、あらゆることの専門家にひと晩でなってしまいます」。そうなると、不動産の仲介人やその代理店はもう、住宅情報の唯一の情報源ではない。テオは言う「現実は、われわれに、もっとスマートに働けと言っているのです」。

だからテオは、その仕事の分野で働く他のプレーヤーのように、クライアントのために、住宅の売買の体験をできるだけ楽しくすることに専念している。これを学ぶひとつの手段は、インターネットで知識を仕入れた買い手が抱きそうなあらゆる種類の質問をひとつ残らず研究することだ。

「買い手がオンラインで見つけた住宅のある地域をわたしが訪れると、買い手が夢想したこと以上にその住宅のことをよく把握するだけでは終わりません。その地域全体の情報を手に入れるので、おそらくその地域についてはよく知っているという状態になります」と明かしてくれた。「その住宅から、幹線道路までどれくらい離れているのか、距離と時間の両方で確認します。クルマで走るのに一番いい時間帯、そして家にいたほうがよいときも把握します。彼らは質問を投げかけてきますから、それに適切な答を出します。それがわたしの準備している仕事の核になっていますから」。

真実はそこにある

一世紀前、ウィンストン・チャーチルは言った「真実は明々白々だ」。議論の余地はない。セールスの世界では、真実は本物であることの礎だ。本物のセールスパーソンは自分自身にも真実を貫く。

これはよく問題になる。わたしのインタビューした多くのトッププレーヤーが明かしてくれたのは、彼らのセールスの〝ホーム〟を、つまり彼らのスタイルと相性のよい会社を見つけるには時間がかかるということだった。ほんとうの本物になるためには、本物であることと誠実さを大切にするセールスの文化を見つけなければならない。

〝本物の取引〟の反対は何なのか知りたい？　試しに、自分が信じていないものを売ってみよう。この茶番はガラスのように透明で見え透いている。腹の底では、クライアントは何かがおかしいと気づくだろう。しかし、もし、ほんとうに真剣にその製品やサービスを売りこんだとしたら、クライアントはあなたがコミッションのことを忘れて売っていると考えるだろう。

トップセールスパーソンの人たちは異口同音にこんなことをわたしに言った。自分の本領を把握することで、セールスの力の感覚に恵まれるようになる。さらに自分そのものになる機会に恵まれ、機械的な手順ではなく〝自分自身〟によってセールスをするようになる。ミーティングや他のセールスの現場に事前の準備をして臨むと、自分のキャリアのさまざまな断片がひとつにまとまり始めるのだ。

あなたはクライアントとの関係をさらに強化、発展させている。業界での評判を獲得している。スマートで信頼できる人間として、大半の競争相手はそうではないような世界で、知られるようになっている。個人レベルで、つまり売っているものの範囲を越えたレベルで、価値を生み出している。

もし、クライアントにとって重要なものがあなたの製品やサービスではないにもかかわらず、あなた自身がその製品やクライアントとの関係で重要な役割を果たしていることを理解しているなら、――もし大きな仕事がしたいと思い、自分のプロとしての生活と個人としての生活の中で純粋さをひたすら求めるなら――そのときあなたは、１００万ドルプレーヤーと大いに共通項のある人間になっている。練習、準備そして集中、そうすれば本物のあなたが輝きを放ち続けるだろう。

秘密

その21

自分の製品になろう

マーカスはクルマのセールスマンだ。本人は自分のことをこのように言う。この肩書を誇りに思っている。クルマ一家、それも〝アメリカ製の〟クルマ一家の育ちだ。父親はミシガン州ディアボーンにあるフォード・マスタングの生産ラインで働いていた。この一家では誰ひとり、外国車を所有したことはない。

マーカスは、ロサンゼルスの店舗で働いてくれる新しいセールスパーソンを探していた。そこではアメリカのマッチョなクルマを売っていた。探していたのは経験豊かなスーパースター、すでに成功体験のある人材だった。いろいろ探りを入れたり、さまざまなコネをあたったりしていたところ、有力な候補者が見つかり、コーヒーを飲みに自分の店舗に来ないかと誘ってみた。この候補者が美しいＢＭＷに乗って現れたとき、すでにこの面接は終わった。

マーカスが自分自身であるために、アメリカのクルマはそれほど重要な存在になっている。わたしがインタビューしたトッププレーヤーの例にもれず、マーカス自身が、マーカスの製品〝そのもの〟なのだ。

100万ドルのセールスパーソン最後の秘密は、彼らが売っているものとのこのような完全な一体感だ。トッププレーヤーはその製品やサービスと、働いている会社との間の独特なつながりを楽しんでいる。それは時間がたつほど成熟していくつながりであり、そしてそれが頂点に達すると、どこまでがセールスパーソンの領域でどこから製品の領域が始まるのかの判別が難しくなってくるのだ。

もうひとりのトッププレーヤー、エリのことばを紹介しよう。「わたしは会社のレンズを通して、あらゆるもの、あらゆるプロジェクト、あらゆるアイデアを見ています。会社の歴史、成功、失敗、そして発展は、わたしの考え方の源泉です。わたしが今こうしていられるのはすべて、会社のおかげです。

エリはある広告代理店で働いており、教養課程の専攻だった。しかし、科学オタクだとわたしに説明してくれた(科学オタクとは控え目な表現だ。この男は、科学のある特定の分野では、わたしよりもずっと物知りだった。わたしはと言えば、大学で科学を学んだというのに)。興味深い科学的なアナロジーを使って、会社での自分の役割を説明してくれた。

「どれほど磁石のことをご存じですか?」とわたしに尋ねると、続けて、磁石は何種類かの金属を引きつけ、その他のものとは反発する、と説明してくれた。「磁石は鉄を含んだ金属を掴みに行って、強い力でくっついた状態を維持します。けれども、他の金属には肩をすくめてしまい、そのまま何も起こりません」。

磁石の何がセールスと関係あるのか不思議に思っていたわたしを見透かしたように、エリはこう言った「われわれは鉄を含んだ金属を見つけたいのです。わたしは会社の磁石なんです」。

クライアントが惹きつけられるセールスパーソンというのは、彼らが売っているものと、そして同時にその相手に対して、エリに負けず劣らず強い一体感と熱意を感じている、そんな人物のことだ。エリは頭のよい男で、パートナーとして働いているその代理店では、3つの強みを持っていた。その第一の強みはセールスの現場に立てること、つまり、見こみのあるクライアントにキャンペーンのアイデアを説明することだ。さらに、ふたつ目の強みは、その代理店のクリエイティブチームの主要メンバーにもなっていることで、新しいキャンペーンのアイデアを考え出している。

このいわば一人二役――広告業界ではこれだけでもすでに異常だ――に加えて、エリはクライアント担当者としてもその強みを発揮している。つまり、キャンペーンの案が売れると自らそれを仕切り、その代理店と企業やその企業のブランドとの仲介役として動く。エリは〝ちょっと〟異色というのではない、〝ほんとうに〟異色の存在なのだ。その並外れたスキルによって、エリ自身がその代理店のきわめて貴重な財産になっている。

エリは、このシカゴにある代理店で、1980年の開業以来働いている。出だしはグラフィックデザイナーだった。しかし、代理店が大きくなるにつれ、たいていなんでもこなすようになり始める。エリが言うには、パートナーの立場になったとき「何でも屋になったような気分を味わいましたね」。そうこうするうち、エリ自身の個性は会社のそれと同化していく。エリが製品になったのだ。

この種の話はいくらでもある。わたしはT．J．に会った。大手の住宅建設会社の社内セールスリーダーで、そのクライアント部門のまさに王様的存在だ。自分の売る住宅に生き、命を吹きこみ、愛している。その住宅の売上は400万ドルにものぼる。

こんな風に語ってくれた「多くの時間を割いて、他の建築会社の仕事を見てまわっています。住宅の見栄えは立派、けれども、そこにいろいろなものがあるんです。たとえば、壁と天井の間を埋める廻り縁のつなぎ目にできているすき間などは、絶対に見逃しません。われわれはそれよりもずっといい仕事をします」。

T．J．の話を聞いていると、本人の売っているものに対する思い入れと誇りを感じてしまう。

あなた自身と売っているものとの間にこうしたつながりを構築することが、キャリアでの成功にとってきわめて重要だ。次のようなことを考えてみよう。つまり、セールスパーソンは、何かで100万ドル相当の売上をあげられるだろうか、それも会社にはその本人の売っている〝何か〟に対する信頼がないという条件のもとでだ。実際に、〝信頼〟のことはさておいても、100万ドルプレーヤーに、その製品やサービスに対する感情的な思い入れがなくても、できるのだろうか？〝愛〟がなくてもできるのか？

とすると、こうした強いつながりの源はどこにあるのか？　時間と年功から、強いつながりがたくさん生まれている。100万ドルの地位を獲得するときまでに、あなたには何かが起こっている。キャリアを積んでいる過程でセールスのスキルを磨き上げただけでなく、同時に自分の仕事に完全にのめりこんでいた。そのプロセスは、あなたの働いている場所から始まっている。だから、われわれの思い入れの旅もそこから始めよう。

わたしはインタビューした人から何度もこのことばを聞かされた「この会社がとっても好きなんですよ」。

それは「この会社で働くのが気に入っています」ではなかった。それは「わたしはここで働くのが大好きなんです」。

100万ドルのセールスパーソンはその立場を目ざす前に、まずしなければならないのは、自分の才能の価値を認め、思い切り羽を伸ばすのを許してくれる、そんな会社の一員になることだ。事実、我慢できない会社にとどまったまま、スーパースターのプレーヤーになれるわけがない。仕事に向かいながらイヤだと途中で引き返していれば、すばらしい数字を達成できるわけがない。こんなことはセールスの現場では起こらない。

もしあなたが倉庫か小さな部屋の暗い片隅にいて、自分の仕事もその場所も嫌だと思っても、それでも、なんとかよい仕事はできる。ただしそれは、セールスとは関係のない仕事の場合だ。100万ドルクラブに入るためには、目立たないようにしよう、誰にも気づかれないようにしようと考えるのは禁物だ。セールスの現場は、文字通り、人と人とのやりとりであふれ返っているのだ。

自分のしていることと、そしてそれによって貢献している会社の両方に愛を注がなければならない。もし今、そうでないと言うのなら、あなたは愛するところを見つけなければならなくなる。調査対象になっているすご腕スーパースターの中には、彼らがほんとうに輝き始めるまでに、ふたつ、みっつ、よっつと会社を渡り歩いた人がたくさんいる、そんな事実を押さえておくことが大切だ。あなた自身にぴったりの居場所を見つけられるのは、あなただけだ。

あなたが働いている組織には、セールス部門を支えようとする文化があるはずだ。つまり、セールスは会社の他の機能から完全に切り離されているのではない、ということだ。非常にうまくいっている会社は、〝セールスを支えよう〟という文化を育てるようなことはしない。彼らが育てようとしているのは〝セールスと仲良くなろう〟という文化だ。そうした会社は、あなたの部門を、単に目的を達成するための手段としてではなく、共に成功するためのパートナーだという揺るぎない考えを持っている。セールスを会社全体から捉えるというこの視野こそ、会社の製品やサービスを自分自身の延長線上にあるものと考えるセールスパーソンにとって、なくてはならないものなのだ。

もしセールス部門が製品やサービスのマーケティングで相談を受ける立場になったら、そのセールスパーソンは自分が会社とクライアントとの間の重要な橋渡しなのだと感じるだろう。

この反対を想像してみよう。つまり、ある会社では、マーケティング部隊は狭くて暗いサイロのようなところに閉じこもって仕事をしている、そして、自分たちが販売しているものが何であれそれを売るために必要だと信じている、そんな材料のありとあらゆるものを、つまり、サポート用の資料、カタログ、プロモーション用のノベルティーなどなどをセールス部門に提供する。

そこのセールスパーソンはそうした材料を全部受け取って、こう考える「こりゃ何だ？われわれのクライアントが欲しがっているものじゃない。これでもってどうしろと言うんだ？」わたしがあるインタビューをしているとき、あるすご腕のスーパースターが、自分のデスク近くの床に置いてある中身の見える段ボール箱を避けるように、絶えず自分の椅子を動かしていた。その挙げ句、参った様子でこう言った「この箱に何が入っていると思いますか？マーケティングから来たロゴ入りのコーヒー用マグカップですよ。クライアントと会ったらその後必ずひとつ置いてこいと言うんです。なんでわたしがそんなことを？わたしのクライアントは、余計なマグカップなど欲しがりません。いつもこんなものが届けられるんですよ。そんな材料全く使いません。そんなもので部屋が一杯になってしまいます」。

この話の主は一息ついた。そしてわたしにこう尋ねてきた「マグカップひとつ、いかがですか？」

断った。

しかし、セールスが最初の段階から参加していれば、彼らはマーケティング部隊にアドバイスができ、クライアントと仕事をした経験から得た見識を伝えられる。こうなると、セールスパーソンは製品に思いをこめ始めるのだ。

セールスの〝文化〟とはこういう意味なのだ。１００万ドルプレーヤーを育てている企業は、セールスにやさしい環境を用意して、これを実践しているのだ。彼らはセールスを意思決定、計画立案そして予算作成に参加させている。セールスは彼らの成功にとって欠かせない存在なのだ。この企業姿勢がなければ、一流の成果をあげるようなセールス部隊を生み出すことは不可能に近い。

地球上で最も掃除の行き届いたところ

もし、ある企業から採用面接に呼ばれたら、その敷地にあるゴミに気をつけていよう。

わたしはかつて、ディズニーの経営トップのひとりと夕食を共にしたことがある。その食事中に、この経営者は人材採用のときの実に興味深い話をしてくれた。新たに一流の人材をひとり採用しようとして、その候補者をふたりに絞りこんだという。ふたりの候補者はそれぞれ、面接をするから会社に来るようにと言われた。

面接の前に、この経営者が言うには、面接が予定されているビルへの通路に、明らかに空っぽの清涼飲料の缶を置いておいた。そして、候補者がビルに向かって歩いてくる様子を観察するのだ。

じっと目を凝らしていた。どちらの候補者も、その缶を拾い上げて捨てるかどうかを確かめたかったのだ。ディズニーでは、ゴミを見過ごしてしまうような人間を採用することなど、想像できない、と明かしてくれた。「大好きなものは、誰でもそれを大切にするものでしょう」。この経営者が一体感を抱いている会社に対して、候補者それぞれがどれほどの思い入れがあるのかを確認したかったのだ。

結果はどうだったか？　どちらの候補者も、その清涼飲料の缶を拾い上げて、捨てた。したがって、このわたしの友人には、すばらしい採用候補者がふたりそのまま残ったのだった。

〝自分の製品になろう〟への次のステップは、どこまでも尽きない好奇心だ。これこそ、あなたに仕事の実力を発揮させてくれる資質と言える。

「わたしの膨大な知識を取りこめば、あなたは立派な図書館だってつくれますよ」。このセリフの多種多様な変型版をずっと聞かされてきた。優秀なセールスパーソンは気の遠くなるほどの時間をかけて、そしてときには偶然、彼らの分野のことを学習している。自分がほんとうの意味でわかっていない対象に、ほれこめるはずはないのだ。

このほれこみは仕事から解放された時間に楽しむさまざまな活動、たとえば映画や音楽、にまで広がるものだ（われわれジミー・バッフェットのファンは、バフェットの歌の歌詞をすべておぼえている。そのコンサートは、2万人の大合唱になる）。

このほれこみはあなたの仕事にも起こる。もしあなたが、100万ドルのクルマのセールスパーソン、たとえば、マーカスのような、あるいは最重要秘密その1シンプルにする、のサニーのような、また、秘密その6自分の〝好き〟の基盤を構築する、のジェフといった人なら、エンジンの仕組みがわかっていて、幹線道路で抜き去っていくクルマのモデル名とその年式をほとんど特定できるはずだ。

100万ドルの財産・損害保険のセールスパーソンは、リスクについて引受業者と気楽に話している。生命保険のセールスパーソンは、保険数理士と付き合って、平均余命のグラフにまつわる彼らの手法を仕入れている。

複雑なロボット型の手術用機器を売っているスーパースター、たとえば、最重要秘密その4まず、友達をつくろう、のビリーのような人は、時間をつくって、そのマシンを設計したエンジニアやドクターと一緒に過ごしている。医薬品のスーパースターは化学者と付き合う。ある食料品チェーンは、作物担当者全員を、そのチェーンにトマトやレタスを供給している各地の農場に送りこんでいる。そうした担当者は、わたしが仕事で協力している一部のセールスパーソンよりもはるかに専門的な知識を持っている。

こうした熱心な取り組みが彼らの間をさらに強く結びつける要素になるのだ。それは単にセールスパーソンとクライアントとの関係だけではなく、セールスパーソンと会社との関係にも及んでいる。すご腕のプレーヤーはこうした結びつきに対する義務のような感覚を身につけているのだ。

インタビューの相手が、自分の売っているものの話をとにかく延々と続ける、熱弁をふるう、おかげでわたしはどうしてよいかわからなくなる、という経験を何度もした。そんなとき、わたしはひどくお腹がすいてスープが頭に浮かぶ。こうした人たちは、自分が売っているものに対して〝とても強い思い入れ〟があるのだ。しかし、あなたがほんとうに死ぬほどランチにありつきたいのでなければ、これはいいことだ。100万ドルのセールスのプロは、自分の製品やサービスのことを心から信じているのだから。

ミスター・ドクターペッパー

何年も前の話。わたしはテキサスで開催されたある企業が主催したゴルフコンペで、フォーサムのプレーを楽しんでいた。このコンペの参加者にW・W（ウッドロー・ウィルソン）・

〝フッツ〟・クレメンツがいた。わたしの大好きなソフトドリンク、ドクターペッパーにとんでもない成功をもたらした伝説の経営者だ。

故クレメンツ氏は、ホレイショ・アルジャーのいわゆる〝ボロ着から富へ〟の信じられない物語の主人公だ。ドクターペッパーの配送係から始め、同社の会長兼CEOにまで昇り詰めた。もしこの人の血管に穴をあけたとしたら、断言する、ドクターペッパーが〝出血〟したことだろう。

飲み物のカートを押している人が第4ホールのあたりで立ち止まって、誰か飲み物がいるかとプレーしている人に尋ねたとき、フッツは眉をひそめた。というのも、カートに乗っていたソフトドリンクは競争相手の製品ばかりだったからだ。頭のてっぺんからつま先までテキサス紳士で、カウボーイブーツを履き、ストリングタイを付けていたこのフッツは、そんなカートに腹を立てることはなかった。

カートの若い女性に声をかけた「少しばかりお金をお渡ししますから、このカートの飲料と、それからこのゴルフコースのカートの中身も全部片づけて、今からメモするものに入れ換えていただけませんか？」そしてスコアカードに、フッツの会社の全製品を書き出すと、それをこの女性に手渡した。相当な額のチップを添えて。

なんとなんと、それから1時間もしないうちに、そのカートが戻ってきたではないか。そこにはドクターペッパー社の製品だけが、氷で一杯の容器に美しくおさめられていたのだ。

自分が売っている製品以外のものを飲むなどというのはフッツにとって考えられないことだった。そのドクターペッパーへの思い入れは、全てにわたっていた。

こうした話の例を、最後にもうひとつだけ紹介したい。ケイに会ってみよう。ケイはホットパイをつくっている南部のパン製造会社で働く、トップのそしておそらく唯一のセールスパーソンだ。そのパイは、コンビニエンスストアのレジ横にあって衝動買いを誘うようなおいしいパッケージ製品だ。けれども、ケイは自分の会社のパイがアメリカの至るところで販売されるよう、一生懸命仕事に励んでいる。つまり、映画館、自動車用品店、金物のチェーンそしてクライアントがちょっとおいしいものが食べたいと思うようなあらゆる場所に、置きたいと思っている。

ケイはとても小さな池で泳いでいる大きな魚で、なんとかわたしの調査対象に加えた人物だ。また、ケイは、当初調査対象としてわたしが選んだ7つの業界のどれにも属しておらず、いまだに100万ドルには届かない。しかし、間違いなく、ケイは優秀なセールスのプロなのだ。

わたしは長時間一緒にディナーをとりながら、ケイの語るさくさくの外皮とクリーミーな中味の話を聞いていた。会社のパイの品質に情熱を傾けていた。その中味の種類を工夫することにも熱心だった。今売っているのは20種類以上、チョコレート、アップル、レモン、そしてブルーベリーもその中に入っていた。そしてケイはその情熱を、おいしい利益をもたらすことに活かしている。

ケイは製品を大手スーパーマーケットチェーンに売りこむ方法を明かしてくれた。今や、スーパーマーケットの世界では、新しい製品を店頭に並べてもらう試みは、要塞を攻め落とすのに似ている。小さな製品だけを売っている小企業の場合、それは、楊枝で要塞の壁に穴をあけようとしているようなものだ。

しかしケイにしてみれば、誰もがケイのパイを買うつもりなどないとは考えられないのだ。そこで、そのスーパーマーケットの仕入責任者とミーティングをするために、ありとあらゆる伝統的な手法を試してみた。そのあとで、ケイはじゅうたん爆撃をすることにした。つまりそのスーパーマーケットチェーンの本社に、パイを何個か送り届けたのだ。

ちょっと待て。〝何個か〟と書いたかな？　実際には、すべての味のパイを何百個も送っている。パイの入った箱という箱を仕入責任者のオフィスに届けたのだ。その責任者が試しに何個か口にすると、ケイの目論見通り、はまってしまい、そのパイを会社の全員に配り始めた。事務員や秘書は訊いた「いくつか家に持って帰ってもいいですか？」「レモン味のはまだ残っていますか？」「これ、店で売りましょう。いいでしょ？」。

アブラカダブラ。魔法のように、ケイはパイを並べる棚のスペースを確保した。

ケイは自分の製品になる。ケイの製品がケイだ。

このディナーのあと、ケイはバックパックの中からパイを取り出すと、ひとつわたしにくれた。「名刺は持ち合わせていません。持っているのはこれなもので」。
おいしかった。

世の中の人は、映画の中で魂が奪われ腑抜けにされてしまうような描かれ方をしているセールスの文化を目にしている。彼らはノルマと根拠のない期限によってがんじがらめになっているセールスパーソンであふれ返るボイラー室のことを考えている。しかし、わたしが話をしたすご腕の人たちの見方感じ方はこれと正反対だ。彼らは自分の大好きな職業に真剣に取り組んでいる。自分が信じている製品に思いをこめている。彼らはその組織のプロセスでなくてはならない存在だ。彼らは彼らの製品であり、そして彼らの製品は、彼らそのものだ！

結論

さてここまでたどり着いたところで、全国を1年以上にわたって旅し、すご腕のセールスのプロと話をし、さらに半年に及ぶパターン認識の厳しい作業から得た結論を書こう。

おそらく、あなたにはいくつか気がつくことがあったのではないか。

その気がついたことの1番目は、次のシェイクスピアのことばに集約できるかもしれない。つまり、

天にも地にも、われわれの智恵の及ばないことは幾らでもあるのだ。

――『デンマークの王子ハムレットの悲劇』

王子ハムレットは口数の多い男で、確かに、言っているように、この世の中にはいろいろと究明すべきことがあるだろう。

本書の21の秘密が教えてくれているのは、人それぞれの職業で、その頂点を極めた人たちのまさに核心となっている振る舞いだ。そうした斬新な考え方をあなた自身のキャリアに応用すれば、スキルが磨き上げられ、実力が向上することは間違いない。

あなたが手にとったとき、この本はメニューのように見えたかもしれない。つまりイン・アンド・アウト・バーガー（米国のハンバーガーチェーン。メニューの数は、バーガーとポテトだけに絞りこまれているため非常に少ない）のメニューのリストよりも長いけれども、チーズケーキファクトリー（米国のレストランチェーン、世界で２００店舗を展開しているという。とにかく料理の品数が非常に多い）よりもはるかに短い、そんなメニューだ。これは内容をざっとながめてみるには確かに適している。

本書のメニューの品数は21。それは、あなた自身のセールスのキャリアを積み上げるために役立つ21の姿勢・心構えだ。そうしたメニューの中には、とても魅力的に思えるものと、ピザの上に乗ったパイナップルのようにそれなりに食欲をそそるものがあるだろう（ひと言。わたしの妻をはじめ、たくさんの人がピザの上のパイナップルをおいしいと思っているとわたしは理解している。わたしはそのうちのひとりではない）。

クリエイティブ・ベンチャーズで、われわれはさまざまな業界のセールスパーソンにこの21の秘密を教えてきた。しかし、その21のすべてを一度に教えたことはない。というのも、そんなことをすれば、あまりにも教える情報が多すぎて、そのセールスのプロセスを一気に取りこめるわけはないからだ。これらの姿勢・心構えの中からどれを最初に取り込もうかと考えているうちに、あなたのスタイルや個性に合ったもの、反対に合わないものが見えてくるだろう。

中には、すぐにでも始められて、すばやくよい結果が得られるものもあるはずだ。その他に、慎重に考えをめぐらせて、もっとゆっくり取りこむべきものもある。21の秘密の中には、あなたのセールススタイルに全く合わないものもあるかもしれない。もしどれから始めてよいのか全く見当がつかない、という場合には、改めて、本書の冒頭にある4つの最重要秘密に目を向けてほしいと言いたい。

小さく始めよう。現在おこなっている自分のセールスの習慣をすべて投げ出して、新たに21の秘密の旅に乗り出す、そんな人をわたしはひとりも想像できない。われわれが一緒に仕事をしたたくさんのセールスパーソンは、あなたも想像するように、新たに始めるのはひとつから3つの習慣だ。

2番目におそらくあなたが気づいていることは、次の聖書のことばに集約できるだろう。

これまで存在したものは、これからも存在する。
これまでなされたものは、これからもなされる。
太陽のもとで、この世界で、新しいものは何もない。

――『伝道の書』1章9節

その通り。旧約聖書がすべてを語っている。ほんとうに、完全に新しいアイデアなど、ない。あなたは21の秘密を読んでいて、そのうちのいくつかについて、こう思ったかもしれない「なんだ、こんなこと先刻承知だ。実行していないかもしれないけど、とにかくわかっているよ」。だからこそ、わたしは、本書がよい刺激になって、そのうちのいくつかに取り組んでほしいと思っている。

つまり変化はこうして起こるものなのだ。あなたが〝何か〟ぼんやりしたものを感じて、その何かを具現化しようとして周囲を見回し始める。あなたのアイデアに妥当性を与えてくれる後ろ楯を見つける。もしあなたが目をつけたその考え方が、すでに証明もなされている周知のものであったなら、それはあなたのアイデアを支える礎になってくれるのだ。「太陽のもとで、この世界で、新しいものは何もない」は間違いなくビジネスの世界では真実だ。あなたはおそらく、組立ラインを発明したのはヘンリー・フォードだと思っているだろう。

ただ、そうとも言い切れないのだ。この直線的な組み立て方式の起源は、植民地時代のアメリカにまでさかのぼれる。その当時すでに、オリバー・エバンスが小麦粉用の自動製粉機を生み出している。さらに1800年代初頭のイギリス、ハンプシャーにまでさかのぼれば、ボーツマス・ブロック・ミルズで働く少年たちが、英国海軍の注文したリギングブロックをつくるための大量生産ラインを考え出していた。

自動車産業の場合でさえ、最初にこの組み立てラインのアイデアにたどり着いたのは、フォードではなかった。それはランソム・E・オールズだった（その通り、オールズモビルで有名な人物だ）。

ただし、フォードはこのアイデアを一歩前進させている。それは重要な一歩だった。この組立ラインをそれ自体が動いていくラインに変身させたのだ。フォードは自ら調査した。つまり、世の中にある他の直線的な組み立てラインの構造をすべて把握すると、その調査をもとにラインを変える決断をする。

本書で紹介している姿勢・心構えの21のパターンは、どれひとつとってみても、それだけで必ずしも天変地異を起こせるようなものではない。しかし、わたしがインタビューをした人はひとり残らず、つまり100万ドルプレーヤーの誰もが、どんなかたちであれ、この21の秘密一つひとつを残らず実行していた。21の秘密は新しくないかもしれない、しかし、どれをとっても重要なのだ。

そして最後に、この新しく見つかった知識を自分のキャリアに応用する作業にとりかかるときは、自分はどこに向かいたいのをよく考え、自分の今いるところを評価したうえで始めよう。道案内にGPS（全地球測位システム）を使って目的地に向かっているとき、このシステムはあなたが今どこにいるかを計算した上で動作を始める。

それは緯度、経度そして高度を基に計算する。本書を道案内として使うとき、あなたは自分のスキル、知識そして専門家としての経験の3つを評価することで、位置を確定できる。その位置のことをわたしは〝あなたの今〟と呼ぶことにする。ひとたび〝あなたの今〟を割り出せば、それらの要素のうちのどれに専念して、自分が行きたいと思うところに到達するのかを決められる。

〝スキル〟は、仕事に持ちこむための才能だ。つまり明確なコミュニケーション、頭のいい計画立案、組織力、リーダーシップなどなど。あなたのスキルの実力はどうか？　あなたが取り組まなければならないものは何か？

〝経験〟は次のようなことをして得られる智恵だ。つまり、成功を続けている仲間の訪問に同行させてもらう、ミーティングに出席する、潜在的な問題を見きわめその解決案を見つけるためのシナリオを繰り返し練習するなどなど。あなたは自分の仕事では新米か？　もっと実地体験が利用できないか？

あなたに、あるいはわたしに、また誰にも、〝あなたの今〟を変えるためにできることは何もない。それでも、あなたは、自分にとって向上が必要な分野を慎重に評価し、自分を助けてくれそうな秘密をものにすることによって、ゆくゆくは自分の位置を変えられる。本書に書いてあるのは、〝あなたの今〟ではなく、あなたがどこに向かっているのか、そしてどうすればそこに到達できるのかだ。

わたしの本を読むために費やされたあなたの時間と知的な努力を大変ありがたいと思っている。ありがとう。

さあ、仕事にかかれ！

謝辞

ある著作者があるアイデアを思いつく。そのアイデアを紙に書き、どうすればそのアイデアが意味を持ち、うまくすれば読者にとっての価値になるのか考える。しかし、それだけで一冊の本になるわけではない。実際に出版された書籍は、集団の努力の賜物であり、その小さな宇宙こそ、本当の景色が現れるところなのだ。

わたしの代理人、リン・ジョンソンに感謝する。その見識によって、このアイデアが一冊の本、つまりリン自身が売る本、になるとわたしを説得してくれた。それによって、疑り深いわたしがなんとその気になった。リンは正しかった。

サイモン・アンド・シャスター/タッチストーンの人たちがこぞってわたしのアイデアは商業的にものになると信じ、そうなるように必死に働いてくれた。カラ・ベディックはわたしの文章の担当となりさらに練り上げてくれた。わたしの昔からの編集者ミシェル・ハウリーは、他のことに手をつけていたけれども、本書の熱気が伝染してしまった。他には、スーザン・モルドウ、デビッド・フォーク、タラ・パーソンズ、シャイダ・カー、ララ・ブラックマン、モニカ・オルウェック、ナンシー・トニックそしてシャーリン・リー。

わたし担当の編集者はローレン・リプトン。この何年か、わたしは実に多くのものを書いてきた。しかし、著述家ではない。ローレンは、著述家になることを教えてくれ、今回のアイデアを立派な形になるまで育ててくれた。ふたりの協力関係は、今回が始まりにすぎないことを願っている。

わたしの家族。最愛の妻ローラ。執筆のためバットケイブにこもるのを許し、わたしの執筆をひたすら支えてくれた。わたしにとって最高の批評家であり、わたしの知る限り最も賢い人物だ。息子のコリン。クリエイティブ・ベンチャーズの経営に携わり、わたしに時間の余裕を与えてくれた。同じく息子のディラン。常に内容が最新になるように心がけてくれた。わたしの母。31年がたっているのに、いまだにわたしが何で生計を立てているのかよくわかっていない。

友人たち。ビッグ・ダン。執筆に関して、わたしが今までもらった中で最高のアドバイスをくれた。「話しているように書けよ」。ジム・ヘンステンバーグ博士。その友情と批評家的な目によって、執筆の腕前が上がった。C・ライアン。わたしと一緒に仕事をしているときはいつも口ぐせのように言っていた「本を1冊書くんだよ」。

テリ・スネル。本書に登場するたくさんのスーパースターに接触する最初に仕掛け人になって、その扉を開けてくれた。

すご腕セールスパーソンのすべての人たち。彼らは、獲物を食べるための時間を割いてまで、彼らを100万ドルプレーヤーしたカギとなる振る舞いをわたしに教えてくれた。

ここにうっかり書きもらしてしまった人たちに対しても、ありがとう。

著者について

30年以上、一流コンサルティング会社クリエイティブ・ベンチャーズのスティーブン・ハーヴィルとそのチームは、いくつかの世界で最も尊敬されている企業に協力し、先駆的な手法を組織的力学と戦略的思考を彼らに取り入れさせることによって、彼らが持っている本当の能力を認識させる仕事に取り組んでいる。

現在、スティーブンはあらゆる規模の組織に協力し、アメリカ株式会社全体に蔓延しているさまざまな境界や閉塞した思考を彼らが乗り越えるための仕事をしている。

尊敬を集める教育者、コンサルタントそして戦略家として、スティーブンはさまざまな企業と一緒に、彼らの人的資産や組織全体としての潜在能力を最大限にする取り組みを行なっている。ときにその変革は大規模になるとはいえ、彼らはしばしば、小さくても前向きのステップと創造的な手法を武器にしてとりかかる。

スティーブンは〝21の秘密〟にある原理原則を、顧客に浸透させている。その顧客には、IBM、ゼネラル・ミルズ、ウェルズ・ファーゴ、ペプシ、サウスウェスト航空、サムスン、JCペニー、マイクロソフト、アップル、AIA、米国海軍、そしてアリアンツなどがある。

主に住んでいるのは、テキサス州オースティン。一緒に暮らしているのは、妻のローラだ。

100万ドル稼ぐ
トップセールスの仕事術

2018年（平成30年） 10月7日 第1刷発行

著 者 スティーブン・J・ハーヴィル
訳 者 宮本喜一
発行者 青木仁志
発行所 アチーブメント株式会社
〒135-0063
東京都江東区有明3-7-18
有明セントラルタワー 19F
TEL 03-6858-0311（代）／ FAX 03-6858-3781
http://www.achievement.co.jp

発売所 アチーブメント出版株式会社
〒141-0031 東京都品川区西五反田2-19-2
荒久ビル4F
TEL 03-5719-5503 ／ FAX 03-5719-5513
http://www.achibook.co.jp
twitter @achibook
facebook http://www.facebook.com/achibook
Instagram achievementpublishing

装丁 ソウルデザイン
本文・DTP 北路社
印刷・製本 大日本印刷株式会社

ISBN 978-4-86643-035-5
落丁、乱丁本はお取り替え致します。